強運のメソッド

# 木下レオン
# 帝王占術

# はじめに

皆さん、はじめまして。占い師の木下レオンです。
さっそくですが、この本を手にとってくださったあなたは、2020年をどのように過ごしておられますか？

新型コロナウイルスが世界中を席巻し、ここ日本でも1年前とは社会はもちろん、仕事や日常での生活、さらに恋愛まで、全てが変わってしまったと感じている人が多いのではないでしょうか。

じつは、占いによれば、2020年は世の中全体が大きな転換を迎える年です。

この転換をポジティブに捉えれば、新たなスタートを切るのにとてもふさわしい1年でもあります。

一方で、世の中の急速な変化に対応し、望もうが、望まなかろうが、強制的な力で変化が求められる、大きなうねりのある年とも言えるのです。

何か大きな変革を遂げようとするときには、必ず痛みを伴います。今まで立っていた地面が突然裂け始めたように、心細い感覚に襲われている人もいることでしょう。

そんな年だからこそ、厳しい言い方かもしれませんが、変化を頑なに拒む人にとっては、今後ますます厳しさが増していくでしょう。

逆に、変化を柔軟に受け入れて、自分の目標に向かって、ぶれずに努力できる人は、これまで以上に発展や成長をし、輝く未来を手に入れることもできるのです。

また同時に、２０２０年は子年でもあります。

子年は、「子、丑、寅、卯、辰……」でおなじみの十二支の最初の年。

何か新しいことを始めるにあたって、種を蒔くのにふさわしいときです。子年に蒔いた種に水をやり、肥料をやり、大切に育てたら、大きな成功につながると言われています。いわば、これからの12年間の命運がかかっていると言っても良いでしょう。

今、何か新しいことを始めてみたいと思っていませんか？
また、あなたの将来の目標のために、今必要なことはなんですか？
思い描く未来があるならば、今年中に、ぜひ一歩を踏み出してみてください。

そして、やると決めたからには、12年間どんなに辛い時期でも逃げ出さずに、達成に向けて、少しずつでも前進してください。

そうして、こつこつとやり遂げたら、11年後の亥年には大きな花を咲かせることができます。

上／占いで得た収益の一部を、世界中の恵まれない子供たちなどへ寄付するなど、支援活動を積極的に行っている。写真はスリランカの子供たちと。中・下／福岡市早良区の密蔵院で3年間修行。すべての欲を断って、滝行や護摩行なども行いながら、毎日多くの人を笑顔にできるようにと祈り続けた。

本書では、開運のための準備や行動を細かくお伝えしています。

その中で最も重要なキーワードは、「先祖、両親を大切にすること」「感謝の気持ちを忘れないこと」「愛と志をもって努力すること」の三つ。

この三つのキーワードは、この後の章でも繰り返しお伝えしていますが、金運や対人運、恋愛運など、すべての運勢アップのためには不可欠です。この基本を踏まえた上で、開運のための準備や行動をしてみてほしいと思います。

今年は12年に一度のスタートの年ですから、幸先の良いスタートを切ることができるように、今から開運を引き寄せるレッスンを始めましょう。

木下レオン

## 木下レオンおすすめ
# 開運アイテム

開運アイテムとして、私がふだん愛用しているアイテムをご紹介します。
魔除けの効果がある「鈴のお守り」や「白檀のお香」そして、
先祖を敬い感謝し、いつも身に着けている「家紋」。
皆さんも、お気に入りを探してみてはいかがですか?

木下レオンが仕事中身に着けている家紋のエンブレムは、先祖を敬い感謝する証。ほかにも「和」をテーマに7,300種類もの家紋を扱う「和市場」では、雑貨小物や実用品まで300種類のアイテムに自分の家紋を入れ、オーダーが可能。色の組み合わせなども選べる。写真左から／**家紋入りスライドミラー** 片手でスライドさせる、使いやすいサイズ(鏡部分約54mm)。902円 **家紋リールキーホルダー** ヒモが約76cm伸びるため、鍵の使用時に便利。1,001円 **家紋エンブレム** 924円 ●すべて和市場 ☎078-351-0233 HP／https://www.waichiba.com/

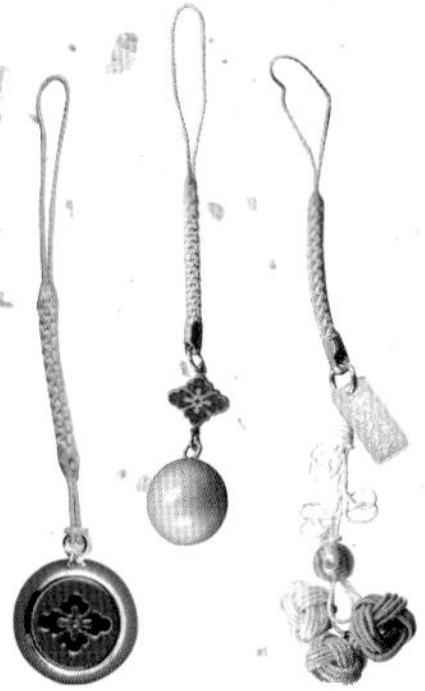

伊勢神宮の金・銀の鈴を、陰と陽に見立てて愛用しているという木下レオン。ここで紹介するのは、「東京のお伊勢さま」と称され親しまれている東京大神宮の鈴守り。縁結びに御利益のある神社としても有名。写真左から／**厄除開運鈴** 古来、鈴の清らかな音色は身に降りかかる災難を祓う霊力があると言われる。災厄が祓われるよう祈念した太鼓形の鈴。白・オレンジのほかに紫も。各600円 **幸せ水琴鈴守** 水琴窟の音色をイメージして作られた鈴守り。800円 **心結び美鈴守** 結びの力が秘められた美鈴守り。800円 ●すべて東京大神宮 ☎03-3262-3566 HP／http://www.tokyodaijingu.or.jp/

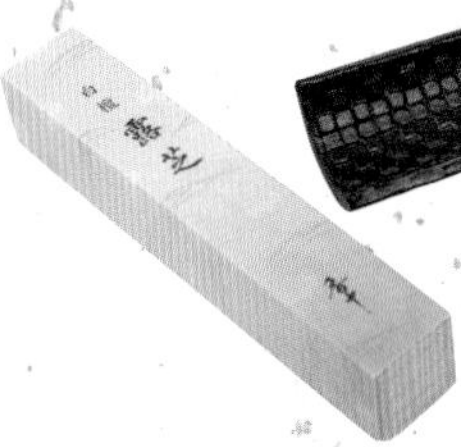
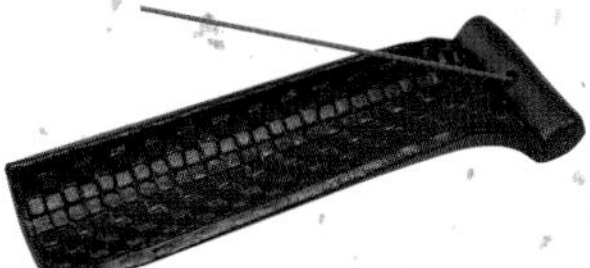

京都で生まれた香十は、和の香の文化を生み一千四百余年の歴史を誇る香の専門店。写真左／良質な白檀を豊富に用い、香十家伝の調香による白檀のまろやかで奥ゆかしい香りの逸品。**白檀露芝**20g 1,650円 写真右／信楽焼の香立。スタイリッシュなデザイン。**香立 巻き(あじろ黒)** 1,650円 香皿:約55×165×20mm ●すべて香十 銀座 本店 ☎03-6264-2450 営業時間 11:00〜19:00 HP／https://www.koju.co.jp/shop/

※価格はすべて税込価格

ちかっぱ

幸せになるために、
強運のメソッド・帝王占術を
一緒に始めましょう！

# 強運のメソッド
# 木下レオン帝王占術

目次

# 第2章 強運のメソッド［準備編］……051

プロローグ

# 木下レオンのこれまでとこれから

# 占 木下レオンのこれまでとこれから

いの番組で私のことを知ってくださっている方もいれば、私のことは知らないけれど占いは好きという方、もしかしたら占いなんて信じたことがないという方も、この本を手に取ってくださった方々の中には、いるかもしれませんね。

これから、帝王占術に基づいた、強運をつかむためのメソッドをお伝えしますが、まずは私のこれまでを簡単にご紹介したいと思います。

私は、2019年2月に放送されたテレビ番組『ザ・ノンフィクション』に出演したのをきっかけに、その年の12月に東京に事務所を構えました。そして東京事務所の開設から、わずか3カ月後にはテレビの占い番組へのレギュラー出演が決定するなど、私自身、あまりの進展の速さに驚いているのが、正直なところです。

福岡で占い師の家系に生まれ、子供のころから四柱推命などを中心として占術を学んできました。その後、高校卒業後に、10年以上サラリーマンを経験。当時は、仕事を覚え、一人前になろうと一心不乱に働きました。その間も、学んだ占いを用いて、岐路に立つたびに自らを占っていたのですが、「この時期に独立したら必ず成功する」という自分の占いを信じ、迷いなく29歳で会社を立ち上げました。

占いの結果通り、飲食店を3店舗経営するようになり、幸いにも多くのお客様に来ていただけるようになりました。そこで、来店されたお客様にサービスとして占いを始めました。お客様に笑顔になってもらいたいという思いからです。

私が店で占った人数は14年間で約4万人。この無料占いのおかげで、占術に磨きをかけることができ、その経験が今も生かされています。

数年前、知人を通じて、福岡市早良区にある密蔵院で修行を始めました。修行は密教（秘密の教え）のため、内容をお教えすることはできませんが、3年間、すべての欲を断ち、自分の占術に磨きをかけ、より多くの人々に笑顔を提供することで、幸せに導きたいと考えていました。

僧侶になる得度を行い、神仏の子となったため、嘘偽りなく人々を幸せに導き、神仏への誓いを守るという使命を果たさなくてはなりません。

そして1年前、独立してから16年経ったころ、天から新たなお告げをいただいたのです。飲食店を売却し、東京に行って多くの人を幸せに導きなさいと。そのお告げを信じて、単身東京に飛びました。

そして今、神から私へのお告げは、人々に光と希望を与えるということ。その使命を胸に、占いをしています。

私は現在、修行で得た力なども生かし、独自の神通力（スピリチュアルな力）に助けられながら「帝王占術」を用いて占っています。帝王占術は、多くの人に「自分とは何か」を知ってもらうための占術。自分を知れば他者を知ることにもつながります。その中で、いかに、より良く生きるかを考えていこうというものです。

独自のスピリチュアルは、自分の才能ではなく、天からお借りしたものだと信じています。ですから、天からお借りした力に恩返しするつもりで、スピリチュアルでいただいた収益の一部で、世界の恵まれない子供たちや、ストリートチルドレンのための寄付や支援活動を行ってきました。

今後も引き続き、自分にできるボランティア活動に取り組んで行きたいと考えています。そして、今は新型コロナウイルスの影響で開店を控えている、子供食堂の運営を行うという長年の夢も必ず実現します。

私が、自分自身の占いによって目標を実現してきたように、私の占いによって、一人でも多くの人に幸せになってもらうのが、私の使命であり、一番の幸せです。

この本を読んでくださった方、一人ひとりの人生がより良くなるように、ぜひ実践してほしい考え方や心の整え方、そして行動について、詳しくお話しします。

とはいえ、人は誰でも、運の良い時期だけを過ごすことはできません。運気の良いときもあれば、悪いときも必ずあるのです。しかし、日々の過ごし方によって、大きな下降線を、なだらかなものへと変えていくことは可能です。

皆さんの心がけ次第で、より幸運に過ごせる方法を、私自身のこれまでの人生経験も踏まえながらお伝えしていきます。

より豊かに、より愛の溢れた日々となりますように、皆さんへのメッセージとして届けばと願っています。

あなたに、幸せあれ！

# 第1章

## 運気の流れを知る

知

# 運命は変えられる

人や仕事、物との出会いなど、これはもしかして運命では？　と感じるような出来事を経験したことが、誰でも一度はあるでしょう。

その一方で、恋愛運や金運、対人運などに生まれつき恵まれない人もいます。そういう人はもしかしたら、「私は、生まれ持って不運」だと感じているかもしれませんね。

しかし、私は、**どんな運命を背負って生まれてきた人でも、行動次第で運命は変えられるもの**だと考えています。

私自身、占いによれば、家族の愛情に恵まれない星のもとに生まれています。実際、両親と不仲になりそうな出来事があり、深く落胆したこともありました。

しかし、私はこれまで、「ご先祖を大切にされていますか?」「両親を敬っていますか?」「先祖や両親を大切にしない人のもとに、幸運は訪れませんよ」と占いを通じて出会った多くの人に話してきました。その私が、両親と喧嘩別れをしたり、疎遠になっていたりしたのでは、説得力をもって人にアドバイスができません。

ならば、**私の行動とその結果で、運命は変えられる**ということを実証しようと考えました。私にとっては耐え難い出来事があって憤りを覚えたときにも、一瞬にして両親を許そうと思えたのはそのためです。幸い、今では月に一度は両親のもとを訪れていて、おおむね良好な関係を築いています。やはり両親、ひいては先祖がいなければ、私が生まれてくることはなかったと思えば、今生きていることに感謝しますし、両親は大切にしたいと思います。

あなたの周りにいませんか？　なんであの人は、いつもやることなすこと上手くいくのだろうという人が。運命に祝福されているように見えますよね。そんな人が身近にいると、ついなんの苦労もしていないように見えて羨ましく感じてしまうかもしれません。ただ、そういう人は必ずほかの人の見えないところで努力をしているのです。**運気アップには、徳を積むことが不可欠**だからです。

逆に、「私は何をやっても上手くいかない」と思っている人もいるでしょう。そんな人は、普段の行いを一度振り返ってみてください。自分さえ良ければ、というような自分勝手な振る舞いをしていないですか？　両親のことを大切にできていますか？　**日常生活の中で常に、神様からジャッジされている**と思ってください。

私も、自分の行動次第で運命は好転させられるのだと証明したいと思いながら、日々生きています。

これから運命を

ちかっぱ

好転させていきましょう!

# 運のリズムを見極める

「今年は12年に一度の幸運期」「12年に一度の最悪の運気」……占いでよく見聞きする言葉です。

運には周期があり、幸運・不運の波が誰にでも必ずあります。このことは、私自身のこれまでの人生を振り返ったときにも実感しています。**良いことばかりが続かないように、悪いこともまた続かない**のです。

だから今、何をしても上手くいかず八方塞がりだと感じているあなたに、ぜひお伝えしたいのです。上手くいかないことが続くと自暴自棄になってしまうような気分になるのもよくわかります。しかし、悪いことばかりが続くことはありません。必ず良い運気へと流れが変わりますから、安心してください。くさったり、逃げてしまったりしては開運を逃してしまいますから、努力や徳を積む気持ちを忘れないでいてほしいと思います。

当然、良いことばかりも続きません。運気の流れが良いときほど、有頂天になったり、周りへの感謝の気持ちを忘れて浮かれたりしてしまいがちです。「なんだか調子がいいな」と思うときこそ、慎重になることを忘れないでいてほしいと思います。その上で、**運気の流れに沿った行動を起こすことが重要**です。

この本の中でも後ほど詳しくお話ししますが、運をつかむためには行動を起こすことが必要です。運という文字は「運ぶ」という意味でも使うように、ただじっとしていては、良い運気は運ばれてこないからです。

そこで、**行動を起こすときの指針になるのが方位の力**です。

人にはそれぞれ、行動を起こすのに最適な吉方位があり、吉方位に引越ししたり、旅したりすることで、その土地の運気を取り込んで、持ち帰ることができます。最後の章では、吉方位についても紹介していますが、私自身も毎月、毎年、方位の力を大きな指針として行動しています。

例えば、今年は南の方角に行けば出会い運を上げられる、今月は北の方角に行けば仕事運を上げられるというように、吉方位を調べます。そして、**その時期が来たら、その方位に引越しをしたり、旅行をしたりする**のです。

私は今、テレビ番組を通して、全国の人を笑顔にするようなメッセージを送るという、かねてからの大きな目標を達成し、とても幸運に恵まれています。しかし、運気の波は誰にでも訪れますから、この幸運がいつまでも続くとは思っていません。今どんなに運が良くても、必ず停滞したり、下降したりといった時期がやってくるのを覚悟しています。そのため、運気下降の波を少しでも穏やかにしようと吉方位の力を借りて、引越しや旅を計画しているのです。

この本を読んでくださっている人の中にも、「今年はとても運がいい」と感じている人がいれば、「なんだかツイてない」と感じている人もいることでしょう。しかし、どちらの人もずっとその状態が続くことはありません。**運のいい時期にいる人は上昇気流に上手く乗れるように、運の悪い時期にいる人は不運を最小限に留められるように**、この本の中から取り入れられそうな開運のメソッドを一つでも多く見つけて、ぜひ実践してほしいと思います。

# 十二支の意味が示す
## "気"の作用

人ひとりに運気の流れがあるように、1年ごとにその年の特徴があります。各年の意味を知り、それに応じた行動を起こすことで、運の波に乗ることができます。

年ごとの特徴は、皆さんもご存じの「子」「丑」「寅」「卯」「辰」「巳」「午」「未」「申」「酉」「戌」「亥」の十二支が支配しています。

冒頭で、2020年＝子年は始まりの年であるとお話ししましたが、続く11年にもそれぞれ意味があるので、あらためてどのような意味があるか紹介しましょう。それぞれの年の意味を踏まえて、これからの12年間をどのように過ごすべきか、ぜひ将来設計に役立てていただきたいと思います。

## ◎十二支で見たそれぞれの年の意味

### 子年

「子」という文字は、一と了（始めと終わり）から成ります。物事のスタートラインに立つべき年であると同時に、今年始めたことを最後までやり遂げなくてはいけないという意味でもあります。エネルギーは非常に強い年なので、何かを始めるのにふさわしい2020年。今年のうちに、ぜひこれからの12年間、腰を据えて取り組むテーマを決めましょう。

### 丑年

「丑」という文字は物事を始めるとともに、結ぶ、養うという意味があります。去年からテーマを決めてスタートさせた事柄の種から芽が出ようとする、発展の前ぶれの状態です。徐々に養われていくようなイメージの1年になるでしょう。自らが決めたことを、一心不乱に前に進めてください。

### 寅年

「寅」という文字に〝さんずい〟をつけると、演という文字になり、物事が進展するという意味に。全てがスムーズに進みやすい年となります。子年で種を蒔き、丑年で発芽というように、成長を続けてきたテーマが、今年はさらなる成果となって現れてくるでしょう。同時に、楽しさが見えてくる時期でもあります。

## 卯年

「卯」という文字に〝草かんむり〟をつけた「茆」という文字には、茅などの草が茂る、また万物が茂るという意味があります。子年から始めて、この数年間励んできたことが目に見えて繁栄していると感じられる年になるでしょう。そろそろ慣れてくるころですので、気を引き締めて自分のテーマをいっそう極めていきましょう。

## 辰年

「辰」は、天高く昇ることから、物事が伸びる年となります。今までテーマを決めて取り組んできたことが、ここへ来て躍進するとき。自分でも成長が実感できるようになるでしょう。ただし、努力が不足している場合には手応えが感じられません。つまり、これまで取り組んできたことの真価が問われる年なのです。まだ努力が足りないと感じる人は、初心に立ち返ることも必要です。

## 巳年

「巳」は、冬眠していた蛇が地上に現れる陽気極まる年。新しく生まれ変わった気持ちで出発する年でもあります。努力を積み重ねてきた人にとっては、ほっと一息つけるかもしれません。ようやく春が来たというイメージの、陽気な年になるでしょう。この時期は、何事も楽しんで取り組めるでしょう。

## 午年

「午」に〝りっしん偏〟をつけると、「忤」という文字となり、逆らう、背くといった意味を持つ文字になります。上昇する気と下降する気の、二つの運気が漂う吉凶さまざまな出来事が起こりやすい年です。幸運と不運が入れ替わり立ち替わり訪れるので、感情にふり回されず、冷静に過ごすことを心がけましょう。

## 未年

「未」の文字は、木の枝を意味します。陰気が漂う年。どこか陰鬱な気配が漂う1年になりがちです。世の中が全体的に停滞し、華やかな活躍は望めない時期です。心が沈んでしまう出来事があるかもしれませんが、意識して明るく振る舞うといった努力も必要です。

## 申年

「申」の文字に〝人偏〟を書くと、伸びるという字になります。去年の未年の陰の気がさらに伸びます。陰の気が強くなりますので、昨年に引き続いて、耐える年となるでしょう。結果が出にくく感じるでしょうが、努力を続けると必ず力はつきます。たまには好きなことに没頭しリフレッシュするなど、自分なりの発散をするのが、この1年を耐え抜く秘訣です。

## 酉年

「酉」に〝さんずい〟をつけると、「酒」となります。発酵を意味し、ここ数年間と同様、まだまだ陰の支配する年が続きます。ただ、前の2年と異なるのは、物事が急展開しやすい年であるということ。これまでコツコツと続けてきた努力が、徐々に周囲にも認められる、というチャンスがあるかもしれません。

## 戌年

「戌」に〝草かんむり〟をつけると、草木が茂る意味の「茂」になります。長い停滞期を経て、今までの結果がようやく見えてくるという時期がやってきました。十二支最後の「亥年」の1年前になりますが、亥年に結果を出すのではなく、11番目の戌年には集大成としての結果を出さなければいけません。

## 亥年

「亥」に〝木偏〟をつけると、「核」という文字になります。核とは、エネルギーが凝縮や蓄積している様子を意味する言葉。12年最後の年、子年から始めたテーマは、実を結んでいることでしょう。今まで取り組んできたことを核＝種子として、さらに大きな花を咲かすことができるように、この1年間は翌年の子年に新たな種を蒔く準備をする年にしてください。

このように、子年から始まり、亥年まで一回りする十二支の概念は、古代中国で生まれました。年ごとの特徴を心得た過ごし方は、現代人にとっても、きっと良い道しるべになると思います。

この本に出会ったとき、子年がすでに終わっているという方もご安心を。今からでも亥年までにやり遂げたい目標を掲げましょう。**何事も、始めるのに遅いということ**

**はありません**。少し出遅れた分、取り戻すつもりで努力を続けたら、亥年のころには大輪の花を咲かせることができるはずです。

皆さんは、今、どんなスタートラインに立っているのでしょうか。そして子年に蒔いた種をどのように育てていきたいと思いますか？

**今年立てた目標が大きな成果となるように、そして12年の大きな運気の流れに乗れるように**、本書も参考にしながらぜひ運気アップを目指してください。

# 運命の人と出会う前ぶれを逃さない

「私はいつ結婚できるでしょうか」「新しい恋愛がスタートするのはいつですか」。占いに訪れる女性からよくそんな相談を持ち掛けられます。やはり、皆さん「いつ運命の人と出会えるのか」ということが、恋愛に関する占いの中でも最大の関心事のひとつなのでしょうね。

それでは、運命の人と出会う合図のようなものはあるのでしょうか。

**じつは、運命の人と出会う前には、ある〝前ぶれ〟があります。**その前ぶれのキー

**ワードは、〝悲しみ〟です**。それも、ちょっとやそっとの悲しみではなく、強い悲しみです。

結婚相手やパートナーなど、人生で最も重要な出会いに恵まれるその前に、悲しみが訪れるなんて、意外だと思われるかもしれませんね。しかし、大きな悲しみの後に、幸運が訪れる、そのリズムこそが運気の流れによるものです。

例えば、会社からリストラされてしまった、仕事で取り返しのつかないような失敗をしてしまった、立ち直れないほどの大失恋をした……。前ぶれとなる悲しみは、人それぞれです。中には、父親や母親の死という大きな悲しみの後に、運命の人と出会う運気に恵まれる人もいるでしょう。

絶望でお先真っ暗。そんな状況で、新しい人との出会いを前向きに考えられるのだろうか？　なぜ、悲しみのどん底で、運命の人と出会うの？　そう疑問に思う気持ちもわかります。

もちろん、出会いは悲しい出来事の直後というわけではありませんから、安心してください。期間は、十分に悲しんだ後からちょうど1年ぐらいの間。少しずつ外に目が向き始めたころが、人生を左右するような大切な期間でもあるのです。

ここまで運命の人との出会いについてお話ししてきましたが、悲しみの後に訪れるのは、結婚相手との出会いとは限りません。金運がアップしたり、仕事運がアップしたりと、**人生の中でもターニングポイントとなるような幸運が訪れる**場合もあります。

# 絶好の運を見逃さないための開運準備

**深い悲しみの後に、幸運な出会いがある**とお話ししました。

しかし、誰もが幸運をつかめるわけではありません。どんなにいい運気が巡ってきたとしても、外に出かけなければ、人と縁を結ぶことはできないからです。

また、せっかくのチャンスを気づかないまま逃してしまうこともあります。**チャンスをつかむためには、そのための準備や行動が必要**です。

そこで最も注意したいのは、欲深くならないこと。**自分さえ幸せになれたらいいという考えでは、運気はアップしません。**これから続く章でもお話ししますが、運を良くするための根本的な行動は、先祖や両親を敬いながら生活することです。人間は、自分一人で生まれてくることはできません。先祖が命を繋いでくれたからこそ、私たちはこの世界に生まれてくることができたのです。まずは、生かされていることに感謝する心が、運気アップにとって不可欠なのです。

時には、準備期間を試練と感じるような、大きな努力を要することがあるかもしれません。しかし、努力を積めば積むほど、開運期に大きな花を咲かせることができます。そう思えば、辛い準備も乗り越えられるのではないでしょうか。

そして、人生で初めて経験するような強い悲しみの後、深く沈んだまま、一歩も踏み出せない人にぜひお伝えしたい。今は辛くて、先のことなんて考えられないかもしれないけれど、**苦しいその時期を乗り越えたら、その後に救いとなる運命の人や出来事が、目の前に現れる可能性がある**ということを。

運気は待っているだけでは、上げられません。だから、悲しみが少しだけ癒えてきたら、ぜひ外に向けて踏み出してみてほしいと思っています。

続く章では、運気を上げるための「準備編」として、心構えや考え方を。「行動編」では吉方位による具体的な行動メソッドを、ご紹介します。

これからの12年を
幸せにする
目標を立てましょう!

# 第2章

# 強運のメソッド

## ［準備編］

# 自分のルーツを考え、感謝する

**皆**さんは、最近、いつお墓参りに出かけましたか？

私が、**強運メソッドの基本のキとしてお伝えしたいのは、先祖供養をすること**です。

これが最大にして最強の開運の行い。先祖供養をおろそかにしている人は、一時的に恵まれた人生を歩んでいたとしても、運気が下降しやすくなります。

なぜ**先祖供養が運と関係するの**かと思われる人もいるでしょう。

それは、ご先祖の苦労があってこそ、私たちがこの世に生まれてくることができたからなのです。

現代の日本では、戦時中を生き延びてきた世代はどんどん少なくなっています。そのため、先祖の苦労を想像するのは難しいと思います。

日本の歴史を振り返れば、平和な時代ばかりではありませんでした。祖父母やさらにその前の世代というように代々をさかのぼると、大変な苦労をしながら生き延びてきた方々がたくさんいました。中には、ご飯を食べるのも困難なほど、生きるだけで精一杯という暮らしをしてきた先祖もいるでしょう。

そうした時代に比べると、私たちはとても恵まれていますよね。

もちろん私たちも日々、努力をしながら暮らしています。そうして生活ができているのは、先祖たちが苦しい時代に歯を食いしばって命を繋いでくれたからだと思えば、感謝の気持ちが湧いてくるのではないでしょうか。一人でも、途中で人生を投げ出してしまった先祖がいたら、あなたはこの世に生まれることができなかったのですから。

## ◎墓参りで先祖に感謝の気持ちを伝える

今を生きる私たちは、少しでも運が良くなりたいと、多くを望んでしまいがちです。しかしながら、本来**生かされていること、それ自体がとても運がいいこと**だと感謝しなければならないのです。

一家離散や家庭不和といった問題を抱える方が占いにいらっしゃることが多々ありますが、「先祖供養をしているか」を尋ねると、その多くの方から「お墓のある場所を知らない」「知っていてもほとんど墓参りをしたことがない」という答えが返ってきます。残念ながら、それでは、幸運が望めないのも納得できます。

お墓の前で手を合わせるのは、時を超えてご先祖に感謝の気持ちを伝えられる、とても貴重で特別な時間。それをおろそかにすると、子孫である私たちにも影響が及んでしまうのですね。

また、もちろん先祖だけでなく、祖父母や両親を敬う気持ちも大切です。毎日のように顔を合わせていると、「ありがとう」という気持ちがあっても、素直に感謝の気持ちを伝える機会は少ないと思います。しかし、**祖父母や両親もまた、先祖からの命のバトンを繋いできてくれたかけがえのない存在**です。

時には意見が食い違ったり、喧嘩をしたりすることもあるでしょう。しかし、いつも感謝の気持ちだけは忘れないようにしたいものです。

# 笑顔は〝気〟のパワーを集める

「笑う門には福来たる」。そんな言葉があるように、笑顔の素敵な人の周りには、いつのまにか人が寄ってきます。**笑顔こそが、幸運を呼び寄せるパワーを持っているからです。**

〝気〟という言葉を聞いたことがあると思います。気は中国の思想から生まれたもので、エネルギーの元であると考えられています。そして、すべての出来事や変化は、気が動いたり、流れたりすることによって現れると考えられてきました。

人が笑顔に惹かれるのは、笑顔の中に、明るく心地よい〝気〟が宿っていると感じられるからでしょう。

## ◎開運の鍵は笑顔の美しい人を目指すこと

逆に、何か辛いことがあって悲しんでいたり、思い悩んでいたり、怒っていたり、誰かを恨んでいたりと、笑顔のない人は、どこか近づきにくい〝気〟を漂わせているものですよね。

気持ちが沈んでいても、ずっと陰気にしているよりは、「よし、頑張ろう」と切り替えて、少しでも笑っているうちに、いつのまにか自分も周囲も明るくなってくるものではないですか？　ツイていないと感じるときには、少し頑張って笑顔を作ってみましょう。明るい〝気〟のパワーが、自分だけでなく、周りの人も楽しい気分にしてくれるはずです。

また、明るい笑顔には、白く輝く歯も大切なポイントです。**風水では、歯は金運を司る大事な役目をしている**と言われています。住まいの気の入り口である玄関を大事にするように、体の入り口である「口」「歯」も重要です。そのため、運気の入り口をきれいにしておくことが大切なのです。

**笑顔からのぞく美しい歯は、幸運のシンボル**ですから、ぜひ歯のケアにも気を配ってください。

# 「私が、私が」を引っ込める

「いつもダメな男を好きになって、辛い恋をしてしまう」「恋愛運が悪いから、幸せな恋ができない」……占いに訪れた方からよく相談を持ち掛けられます。

世の中には、体だけが目的の男性や浮気癖のある男性など、あきれるような不誠実な男性がいるのも事実です。あなたが会って話したいときに、きちんと会って話ができる相手でなければ、迷うことなくスパッと別れたほうが良いですね。そのほうがずっと、女性にとって幸せだと言い切れます。

とはいえ、男性だけに問題があるケースに限られているわけではありません。
こうした悩みを訴える女性の多くは、**自分には問題がないけれど、恋愛運が悪いから、相手が悪いからだと思っている**節があります。一度しっかりと我が身を振り返ってみてください。本当に、自分には悪い面が少しもないと言い切れますか？

## ◎自分勝手な人はどんどん不運に見舞われる

占いに来てくださる方にも、「私さえ良ければいい」「私が、私が」になっていないか、一度考え直してみてほしいと伝えています。

というのも、自分のことしか考えていない人の言動は、帝王占術に基づく強運メソッドの教えに完全に逆行しているからです。つまり、「私が、私が」の人にはいつまで経っても、幸せは訪れません。

恋愛運が悪いから幸せになれない。

そう考えているならば、**「私は、理想の相手にふさわしい」と思えるほど、自分を磨く努力をしているだろうか**、と一度考えてみてください。相手に問題があると思うよりも、自分にそれだけの魅力があるかどうかを検証してみるのが先です。

これは、恋愛面だけに言えることではありません。

**自分のことしか考えられない人に、金運や対人運などの好運気が続くことは決してありません。**「私が、私が」という欲を捨てた先に、運が開けていきます。

# 大願成就のためには、差し出す勇気も必要

大きな願い事があるとき、神頼みをする人は多いと思います。また、何か切実な願いがあるときに、「欲を捨ててでも叶えたい」と、強く願ったことがある人も多いでしょう。

**どうしても願いを叶えたいと思うことがあれば、自分にとって大切なモノや習慣を手放したり、断ったりする。**これは、大いにやってみる価値があると思います。

## ◎欲を断った努力は報われる

私は、長年、占い師として多くの人に伝えたいことがありました。その中で、最もやり遂げたかったこと、それは、占いやスピリチュアルな力にすがって、大金をつぎ込んでしまう人の救済です。

例えば、最愛のご主人を亡くした女性の方。若くして亡くなったご主人の霊をなぐさめるために、多額のお金をつぎ込んでおられました。しかし、実際は霊のなぐさめにお金は必要ありません。亡くなった方のことを日々思い、手を合わせるだけで、十分に故人のためになるからです。

ただ、残念なことに、占い師や宗教家と言われる人の中には、人の悲しみにつけこんで、言葉巧みにお金を取ろうとする人もいます。そうした悲劇を知るたび、テレビを通じて多くの人に、**「仏壇やお墓に手を合わせて、その人のことを考えるだけで十分に供養になる」**ということを伝えたいと考えていたのです。

そこで3年間仏門に入って、全ての欲を断ち切り、その願いを念頭に置いて、修行を重ねてきました。そして、今、テレビへの出演が叶い、**供養に多額のお金は必要がない**ことを訴える、という私の夢の一つを叶えることができました。欲を断ち、毎日願っていたとはいえ、こんなにも早くその願いが届いたことには、正直自分でも驚いています。

病に倒れた家族のために自分の欲を断って完治を祈ったり、大志を描き、それを成就するために欲を断ったり。こうした行いの全てが、欲を断ったからといって叶うかと言えば、残念ながら絶対とは言えません。しかし、切実な祈りを神仏が見てくれているとしたら、その願いは届きそうだと思いませんか？

本気の祈りが神仏に届けば、奇跡が起こる可能性はきっと高まると、私は自分の経験も踏まえて強く信じています。

あなたに幸運な
奇跡が起こりますように！

# 「自分は運がいい！」と思い続ける

政治家や経営者、スポーツ選手に、芸術家……。各界の成功者の多くが、「なぜ、成功を収められたと思いますか？」と問われたときに「たまたま運が良かったのです」と答えているのを耳にします。

**「自分は運がいいと思えるかどうか」。じつは、これが運気アップのために、非常に大きな意味を持っています。**

考えてみてください。「私は運が悪い」と思っている人のところに、幸運は引き寄せられると思いますか？　幸運はもちろん、周囲の人たちも、運が悪いと思い込んでいる人には近寄りたいと思いませんよね。

## ◎人は皆、生きているだけで運が良い

これまでにもお話ししてきた通り、ご先祖が命を繋いでくれた縁で、人は生かされています。**生きているだけでとてもラッキーなのです。**それなのに「運が悪い」と思う感謝の心のない人に、幸運は訪れません。

たまたま運が良かったと言われる成功者は、当然努力もされてきたはずです。しかし、多くの成功者がおっしゃる通り、「運」が良くなければ、成功はできなかったでしょう。

ご先祖を敬い、両親へ感謝の心を忘れない。そして、運気が下降気味のときにも、

逃げ出さず、自分の努力すべき課題と向き合ってきたからこそ、成功をつかめたのでしょう。

今、**「自分は運が悪い」と思っている人は、まず言葉だけでもいいから、「私は運がいい」と口に出すことを習慣にしてみてください。**きっと、良い一歩を踏み出せるようになるはずです。

# 人を許す心が、幸運の貯金量になる

福岡で飲食店を営んでいたころ、多くの幸運に恵まれた反面、不運な出来事もたくさん経験しました。従業員に、売り上げを盗まれたこともあります。

こうした私の身に起こった出来事は極端な例ですが、信用していた人から裏切られるのはとても辛いものですよね。絶対に相手のことを許せない気持ちにもなります。

## ◎許すことが、開運の一歩

当然、私も、人から裏切られたときには、怒りや悲しみの感情がふつふつと湧いてきます。しかし、そんなとき、私は神様にジャッジされているのだと考えます。良いことばかりが続かないということは先に述べました。**悪いことも必ず起きますから、それによって成長させてもらえたと考えるのです。**

お金は盗まれたけれど、命を取られたわけじゃない。お金は取り戻せても、命は取り戻せません。ですから、従業員を許し、小さな災難によって取り返しがつかないような厄災を免れたのだと思い、すぐに気持ちを切り替えました。

同時に、経営者として、従業員にお金を盗ませてしまう私のやり方や店のシステムにも問題があったと気づかせてくれたことが幸いだったと考えました。それで、その一件があった後も、従業員たちと笑顔で接することができたのです。

とはいえ、「許す」ことは、とても難しいことです。

聖書の中にも繰り返し、「赦す」という言葉が出てきますが、人の罪を赦すことで、神が自分自身の罪を赦してくださるのだと説かれています。自分は罪を犯していないと思っていても、気づかないうちに人を傷つけていることはあるものです。人を赦すというのは、そうした自分の罪を赦すことにもつながるのですね。

許せないと思うようなことがあったら、感情のまま怒る前に少し冷静になってみてください。寛大な心を持てるかどうか、今まさに神様にジャッジされているのだと。

**結果的に相手を許すことができたら、人としてのステージも一段階上がります。**

幸運は、人の器の大きさ分しか入ってきません。

何か問題が持ち上がると、すぐに人のせいにして逃げ出したり、人に当たったりといった器の小さな人は、残念ながら幸運の量も自ずと少なくなるのです。

**器が大きければ大きいほど、そこに入る幸運も大きくなる。**そう思えたら、相手を許そうという気持ちになるのではないでしょうか。

# 幸せになるための覚悟

結婚をして幸せになりたい。
私が占う女性の多くは、そんな強い思いで私のもとを訪ねてくれます。

幸せになりたいという気持ちがとても強いからでしょうか。本当にこの人で大丈夫だろうかと、結婚を前にして迷ってしまう人にも多く出会います。それは、不思議なことではありません。結婚といえば、人生の中でも大きな決断の一つですから、誰もが多かれ少なかれ、迷うものです。

人には第六感が備わっているので、この人と結婚しても幸せになれないのではないかと不安を感じるような相手なら、その迷いは正しいことも考えられます。冷静に現状を見つめて二人の未来が前途多難だとしか思えない場合には、私も結婚を諦めたほうがいいとアドバイスすることもあります。

ただ、そうではないケースも多々見られます。結婚そのものへの不安や、ほかにも自分が幸せになれる相手が見つかるかもしれないといった漠然とした迷いなら、必ずしも結婚をやめるという選択をしなくてもいいとお伝えしています。

## ◎不安は自分の考え方で消し去れる

**結婚を迷ったときにはまず、相手だけに問題があるのではなく、自分にも問題があるのだと認識することが大切です。**

例えば、「彼が家事に協力してくれるか心配」「仕事と家庭の両立に理解があるか不安」「彼と暮らして、経済的にやりくりしていけるか心配」というように、相手に問題があると考えているケースの多くは、自分自身も二人で暮らしていく覚悟ができていないことも多いのです。ですから、なんとなく迷っている人は、**なぜ結婚するのが不安なのか、じっくりと自分自身と向き合ってみましょう。**

占いでは、結婚に適している時期があります。そのタイミングが来ているのに、延々と迷っていてはチャンスを逃してしまいます。

そこでどうしても決心がつかない人にお伝えしたいのは、**相手を変えようとするよりも、自分が変わること。**相手と結婚したときに、**「幸せになるには自分に何が足りないか」を見つめ直して努力する**と、自分に自信が生まれます。相手の人と一緒に幸せになるために、努力したから大丈夫！　心からそう思えたら、不安や迷いは軽減できるのではないでしょうか。

# 幸運期の過ごし方で運気の波は変化する

占い師としての夢が叶い、全国版のテレビ番組に出演させていただけるようになりました。今、私にとっては、とても大きな幸運期が訪れているようです。

しかし、前の章でもお話ししたように、良いことばかりも悪いことばかりも人には起こりません。**悪い時期に努力を積めば積むほど、幸運期の波も大きな盛り上がりを見せます**。同時に、運気の良い時期の行いが悪ければ、次の下降期に起こる災いもより大きなものになるだろうと覚悟しています。そのため、私にとっては、今後の人生を左右するような重要な時期に来ていると自覚しています。

## ◎一つひとつの言動を神様はジャッジしている

ご存じの方もいらっしゃると思いますが、私は番組の中で、全く見ず知らずの人に声をかけて占ってきました。当初は、都内で私を知ってくださっている方は、ほぼいませんでしたから、冷たい言葉を浴びせられたことも多々ありました。自分から占いをしてくださいと来られる方はいないですから、正直に言えば大変苦労したのです。

その後、回を重ねるごとに、私にぜひ占ってほしいという方も増えました。それは大変ありがたいのですが、そうして注目を集めれば集めるほど、神様のジャッジも厳しくなります。

私はもともと、有名になりたいという名誉欲のために、テレビに出演したいと思っていたわけではありません。テレビを見てくださる方を笑顔にしたい、幸せにしたいというのが一番の目的です。

今、私の顔や名前を知ってくださる人が増えたことで、知らず知らずのうちに驕りたかぶっていないかと、折にふれて自らを省みるようにしています。

例えば、仕事でご一緒した方が、帰り際に「おつかれさまでした」と挨拶をしてくださったとき。自分が座っていても、きちんと立って相手の目を見て挨拶ができているかどうか。座ったままふんぞりかえって挨拶をしているようでは、天狗になっていると思われても弁解のしようがありません。

こうした行いの一つひとつを神様は見逃しません。お世話になっている周りの人たちへの配慮を欠いた時点で、ジャッジは最悪。今は幸運期でも、やがて運気の波が下降し始めると、大きな不運に見舞われてしまうでしょう。

だからこそ最近、幸運が続いていると思われる方にはぜひ、**天狗になっていないか、思い上がっていないか、日々努力を忘れていないかと、時々冷静になって自己を見つめてほしい**と思います。私自身への戒めも込めながら、このメッセージを皆さんに送ります。

# 豊かさは感謝から生まれる

生きている以上、豊かになりたいという願望は多かれ少なかれ誰もが抱いている願いのひとつだと思います。

では、豊かになるためには何が必要だと思いますか？　働いて対価を得ること、宝くじを当てること、お金持ちの人と結婚すること……さまざまな考えがあるでしょう。物質的な豊かさを求めるのならば、どれも間違いではないと思います。

しかし、**豊かさを得たいなら、何よりもまず〝感謝する〟ことが大切です**。

健康でいることに感謝する、普通に暮らせていることに感謝する、三食のご飯が食べられることに感謝する……。世の中には、病気で苦しむ人がいれば、日々の暮らしさえもままならず、ご飯を満足に食べられない人もいます。そんな中で、健康に生きていられて、三食の食事に困らない生活を送れているならば、それだけで大いに感謝するべきです。

その全てが当たり前だと思い、感謝できないとしたら、あなたは心の豊かさが欠けているのだと思わなくてはいけません。心が豊かでなければ、どれだけ物質的に豊かでも、豊かな人生は送れません。どんなに**物質的に恵まれていたとしても、心が満たされなければ、心から幸せだとは言えません**よね。

例えば、少し外を歩いただけで熱中症になってしまいそうな猛暑の日、コーヒーショップで冷たいコーヒーを飲んだときに、「ああ生き返った」と思った瞬間、ありがたいという気持ちになるものですよね？

コーヒー一杯でも、人は感動や感謝を覚える感性を持っています。一方で、〝喉元過ぎれば〟そうした気持ちを忘れてしまいがちな生き物でもあります。かくいう私も、感謝の気持ちがつい遠のいてしまって反省することもあります。

だから、どんなときにも生かされていることへの感謝は、忘れないようにしたいと常々思っています。その積み重ねが、心の豊かさを育んでくれることを信じて。

# 苦手な人からのメッセージにヒントあり

**誰**にでも、一人や二人、苦手な人はいるものですよね。

私自身もサラリーマンとして働いていた20代のころ、苦手だと思う人もいました。私は、ストレスを感じてまで苦手な人と付き合うと負の気の原因になってしまうため、無理に付き合う必要はないと考えています。しかし、それが上司だったり、同僚だったりした場合、どうしても避けられません。

そんなときは、苦手な人の言葉に注目してみてください。「いつも無理を押しつけてくる」「会うたびに嫌味を言われる」など**苦手意識を持っている人の言葉の中に、**

**逆境突破のヒントが隠されている場合がある**のです。

もし、自分ができていないところや弱点として気になっている点を指摘されることで相手に苦手な意識を持っているなら、気持ちを切り替えてみましょう。**耳が痛い言葉でも、神様があなたにとって必要なメッセージを人の口を借りて気づかせてくれているのだと考えてみる**のです。嫌悪感や怒りの感情のせいで、素直にその人の言葉を聞けないのでは、大切なメッセージやヒントを受け取ることができません。一度、素直に意識を向けてみてください。成長するきっかけになるはずです。

## ◎苦手な人の言葉で厄落とし

一方で、どうしてもそんな風に考えられないような相手もいるでしょう。ただ虫の居どころが悪いから、あなたに八つ当たりのように接してくる人が。そんな人が相手の場合は、素直に耳を傾ける必要はありません。

理不尽な言葉をかけられたら、私は、その人のおかげで厄を払うことができたと考えるようにしています。嫌な思いをすることで厄落としになったと発想を転換できれば、それ以上、その相手へのストレスが高まることもありません。

最も避けたいのは、その人を恨んだり、怒ったりといった負の感情を持ち続けることです。自分の中にあるそうした感情は、残念ながら相手の心には届きません。負の感情を持ち続けている限り、何度も思い出しては怒りがふつふつとよみがえり、自分の心を蝕むだけです。

ならば、スパッと忘れて、「おかげで厄払いができた！」と気持ちを切り替えるほうがずっと健康的です。

なかなか難しいとは思いますが、**「厄払いできた、ありがとう」と感謝できれば、徳を積むことができ、良い運を呼び込むこともできる**のです。

負の念を持たず、受けず、
常に感謝の心を忘れずに

# 衣食住が足りた人になる

**運を呼び込むためには、衣食住を整えることがとても重要**です。

散らかった部屋に幸運を呼び込むことはできませんし、生活が乱れている人に、運の神様は味方をしてくれません。

そこで提案したいのは、**生活の基本となる衣食住にまつわることに関しては、少し背伸びする**こと。人の器の大きさ分しか、運気を入れることはできないから、運気の良さを先取りするのです。

例えばビジネスで成功したいと思えば、少し贅沢をしてでも仕事用のスーツにお金をかける。健康運や仕事運をアップさせたいと思うなら、体に良い旬の食材を常に食べることを心がけ、健康な体で仕事に励みましょう。

そして、運は良い気が流れる場所を好みますから、暮らしが豊かになるように住環境を整えましょう。その際、**自分にとってどの方角で暮らすのがいいのか、最後の章の吉方位のページをぜひ参考に**なさってください。

# 神から与えられたギフト（才能）を知る

**人には、一人ひとり神様から与えられた役割があります。**生まれ持った才能は、いわば神様が与えてくれたギフトと言えます。

「私は、人よりも才能がない」と思っている人がいるかもしれません。また、自分には何が向いているのか、探し当てることができていない人もいます。しかし、それを見つけようと努力をしていたら、必ずギフトは見つかるので安心してください。

これから一生の仕事として何をしていいのかわからない。そんな風に考えている人は、一度幼少のころの夢を思い返してはいかがでしょう。純粋な気持ちで、「ケーキ屋さんになりたい」「お花屋さんになりたい」「プロのスポーツ選手になりたい」などと考えていたころは、なぜそう思ったのか？　妥協や惰性などを知らなかった幼いころは心から理想を語ることができましたが、大人になって現実と向き合うたびに、夢を忘れてしまった、ということはありませんか。

## ◎目の前の仕事への集中が開運につながる

神様から与えられたギフトに気づいた方に、もう一つお伝えしたいことがあります。それは、ギフトに気づいたからといって、今の仕事をおろそかにしてはいけないということです。まずは今、目の前の仕事に一生懸命向き合ってほしいのです。なぜなら、**努力をしている人には、運が開かれたとき、とても大きなチャンスとなって返ってくる**からです。

今は、自分が思うギフトからは遠い仕事をしていて、目の前の仕事が無駄に思えるかもしれません。ところが、**人生に無駄なことはなく、経験一つひとつの点が、いずれ線となり、道になっていく**のです。成功者の多くは、そういった体験をしていると言います。後になって「あのとき苦労したことが、ここで生きるのか」と納得がいった、という出来事がつながり、人生の意味に気づくのです。

ギフトに出会う日まで、また、ギフトに出会った後も、今できることに一生懸命取り組むことを大切にしてほしいと思います。

努力は必ず道を開きます!

# ぶれない信念を持つ

仏門に入っていた3年間、私は、自分の言葉で光や希望を多くの人に与えたいと、毎日お勤めのときに祈っていました。

あの3年間で、自分に与えられたギフトへの強い信念と、強い愛があれば、人は強くなれるのだと実感しました。**愛と志があれば、ぶれずに目標に向かうことができる**のだと。

ただ、人は誰でも弱い部分を持っています。時には努力をすることから逃げ出したくなったり、楽がしたいという誘惑に負けそうになったりすることもあります。

また、目標に向かう姿は人には眩しく感じられ、嫉妬の感情から足を引っ張られたり、中傷されたりすることが、あるかもしれません。

私は、九州から東京に拠点を移す際に、飲食店を閉めて退路を断ちました。当時は、東京での仕事が軌道に乗るまで飲食店を残しておいたほうがいいのではないかと言われたこともありました。しかし、私は逃げ道を作らず、東京で一人でも多くの人に光や希望を与えるという役割に専念しようと思ったのです。信念があったから、ぶれずに行動を起こすことができました。

自分の中の弱い部分に引きずられそうになったら、ギフトと巡り合ったころのことをもう一度思い出してみてください。**原点に返れば、他人の言動に惑わされず、自分の目標に突き進めるはず**です。

# 「心がきれいな人」になる

突然ですが、あなたは自分の心がきれいだと思いますか？

**良い運気は美しい場所を好むため、心がきれいな人は最高の運をつかみます。**成功者には、心がとてもきれいな人が多いのはそのためです。

ある一流のアスリートは、相手が次の一球を打ったら、自分たちのチームが負けてしまうという瞬間でさえも、相手が最善を尽くすことを願うのだそうです。

勝負で競り合っているときなどは、自分が勝つために、ついつい競争相手の不運や不幸を祈ってしまうのが人情というもの。こういうことは、スポーツに限らず、ビジネスや恋愛の場面でも経験したことがあるかもしれませんね。

しかし、スポーツでは相手のシュートに「入るな！」とネガティブな念を送った途端、逆に自分が精神的に追い詰められてしまうものなのです。一流の選手は、**「他者の幸せ＝自分の幸せ」といった帝王学に基づいたふるまい**を心得ているのでしょう。

帝王学とは、2500年も前から伝えられている学問で、国の権力者やリーダーなど、特別な地位に生まれついた人だけが幼少期から受ける特別英才教育のこと。現代も、成功者の多くが帝王学を学んでいます。

**人は、その人の器の大きさの分量しか幸運は入らない**と伝えました。

自分がどんな逆境にあっても、利己的にならず、利他的に生きることが幸せなのだと思える心の余裕を忘れず、「きれいな心」でいられる自分でありたいですね。

心をしっかり整えたら、
強運をつかむための行動を
学びましょう

# 第3章

# 強運のメソッド
## ［行動編］

運

# 方位を力にする

### ◎方位が持つ開運パワーをキャッチ

私の占いの指標の一つ「九星気学」では、吉方位（その人にとっての縁起の良い方角）を訪れると幸運が舞い込むと言われています。

例えば、西の方角は楽しい恋愛を招いたり、金運がアップしたりする方位とされていますが、方角ごとに対応する「気」のパワーがあります。

**自分にとっての吉方位に引越しをしたり、旅をしたりすると、心身を浄化させることができ、望む幸せを得て運勢をアップさせることができます。**

吉方位の効果を得るには、**引越してその方角のパワーを毎日チャージするのが最も良い**とされています。ただ、そう簡単に引越しできるわけではありませんので、その場合は、旅行でも効果があります。旅行するときは、自宅から見て100km以上離れていること。加えて、旅行先に1泊以上することが条件です。その際、遠くへ行けば行くほど、長く滞在すればするほど、効果は大きくなります。

私は吉方位への旅行の中でも、効果が大きい海外への旅を毎年欠かさず行ってきました。また、何か行動を起こすときには、必ず方位を見てから行動しています。というのも、これまでの人生で**吉方位を意識して生きてきたことで、たくさんの幸運に恵まれてきた**からです。

東京へ引越してくるときに、それまで全く縁がなかった土地を選んだのもそのためです。ただ、当初はなかなか良い物件が決まらず苦労しました。吉方位に引越しをする際、努力が足りない人間には神様が味方をしてくれないことが多々あります。例えば、吉方位への旅行に出かける前になって悪天候で交通機関がストップするなど、邪魔が入るのです。私も引越し先が決まらなければ、東京への移動は諦めようと観念していました。しかし、吉方位に行くべき時期が終わる直前になって、理想の物件を見つけることができました。そして引越した後、間も無くテレビ出演が決まったのです。

次章では、一人ひとりに適した今年から2022年までの吉方位をお伝えします。まずは、八方位がもつそれぞれの意味や得意分野を知っておきましょう。

運の意味を深く読み解くには、一言では表現できませんが、参考としてキーワードをご紹介します。

## ◎それぞれの方位が得意な吉効果

### ●仕事運アップの方位

北西……事業運や独立運、上司からの引き立て運に恵まれる。
南西……営業力や持続力がアップ。
東……斬新なアイデアが湧く。やる気アップ。
南東……取引や商談がまとまる。海外との取引に成功する。
西……プレゼン力やセールストークが上達。
北……根回しが上手くいく。
南……イベントが成功する。出版が成功する。有名になる。

### ●金運アップの方位

北東……長期的な金運の方位で、貯蓄や不動産に恵まれる。
北西……事業運や目上の人からの引き立てを受ける。事業の成功が金運に結びつく。

西……金運がアップする。
南東……商売が繁盛する。信用が金運に結びつく。

**●恋愛運アップの方位**

北……しっとりとした大人の恋愛ができる。
西……楽しい恋愛ができる。恋愛結婚へと展開。
南東……お見合いや紹介の縁に恵まれ、結婚へ発展する。

**●人間関係を改善する方位**

南西……親類縁者との関係が良好に。家庭内の状況が改善する。
北西……目上の人から引き立ててもらえる。
北東……後継者が育つ。家系問題が改善する。
南東……信頼回復。夫婦仲が良くなる。

**南……**悪縁が断ち切れる。離婚がスムーズに進む。

いずれの方位も、今暮らしている家を基準にして、正確に方位を地図で確認してから訪れるようにしましょう。

## ◎開運一人旅で運気が飛躍的に上がる！

年、月ごとに変わる吉方位（Ｐ１８６〜）を訪れることで、前述したような運気アップができます。

私は、１年を通じて何度も吉方位に出かけますが、開運旅行に行くときに二つのことを心がけています。

一つは、**一人で旅行する**こと。自分がこの先どのようになっていきたいか、静かに思考を巡らせるためです。**願い事は、より具体的に思い描くほど現実化しやすい**ので、一人が最適なのです。一人旅がどうしても苦手という人もいますが、旅先ではなるべく一人で行動する時間を作るようにしたいところです。

二つ目は、**「お水取り」をすること**です。お水取りという言葉を、奈良の東大寺での行事以外では、初めて聞く人もいるかもしれませんね。ここで言うお水取りとは、文字通り、**吉方位に出かけてその土地の水を取る**ことです。その方位の良いエネルギーを取り込んで、体に流すことで溜まった負のエネルギーを排出するのが目的です。これによって良い気が流れ、開運の流れが引き寄せられます。

お水取りの具体的なアクションは、

1、水を飲むこと

2、温泉に入ること

3、その土地の生産物を食べること
4、森林浴
5、深呼吸
6、日光浴
7、海岸を裸足で歩くこと
8、海に入ること

というように、**全身でその土地のエネルギーを吸収するイメージ**で過ごします。

## ◎吉方位の開運効果は1・4・7・10・13の法則

吉方位旅行から帰ってくると、どのぐらいで幸運が訪れるのか、気になりますよね。

**開運効果には、1・4・7・10・13という法則があります。**

月の吉方位に出かけた場合、旅行から帰ってから、1・4・7・10・13カ月後に、年の吉方位に出かけた場合には1・4・7・10・13年後に効果が出やすいと考えられているのです。

年と月の吉方位が一致している場合は、年と月の両方で効果を期待できます。

ただし、吉方位旅行はあくまで「現実的な努力」がベースにあってこそ。そこにさらに**開運行動や風水の力を借りることで、より強運をつかむパワーをいただける**ものだと考えましょう。

## ◎吉方位旅行で毒を出し切る

吉方位とは反対に、訪れる土地の負のエネルギーを溜め込んでしまう凶方位も存在します。

これまで、吉方位を意識して過ごしてきた人は問題ありませんが、知らないうちに移動して受けていた**凶方位の影響で体にアクが溜まっている場合、急に吉方位の気を受け取ると、逆の意味で体の拒絶反応が起きてしまう**とも言われます。

**●北の方位を取ったときに出やすい体の反応**

冷え性、むくみ、生理痛、頻尿、鬱っぽくなる

**●南西の方位を取ったときに出やすい体の反応**

胃腸のトラブル、食欲が異常に増すか減る、便秘がちになる、太る、倦怠感が抜けない

**●東の方位を取ったときに出やすい体の反応**

喉がいがらっぽくなる、声がかれたり、出にくくなる、咳やしゃっくりが止まらない、足の怪我や捻挫、やる気が起こらない

●南東の方位を取ったときに出やすい体の反応

風邪をひきやすくなる、手足のむくみ、顔色が悪くなる、体臭が強くなる、ストレスから下痢をしやすくなる

●北西の方位を取ったときに出やすい体の反応

頭痛、交通事故、手足の怪我、睡眠不足、過労

●西の方位を取ったときに出やすい体の反応

歯や口の中のトラブル、暴飲暴食により太る、食あたり、怪我をしやすくなる、アルコールの量が増える

●北東の方位を取ったときに出やすい体の反応

肩や首のコリ、腰痛、関節の痛み、骨折や骨にヒビが入る、筋肉痛

●南の方位を取ったときに出やすい体の反応

充血や視力低下など目のトラブル、頭痛、不整脈などの心臓のトラブル、微熱、やけど

という形で出やすい傾向があるので注意しましょう。
このように**体調が一時的に不調になる現象を、「毒出し」と言います。**この現象は、おおむね数日程度で回復していくと言われています。

## ◎枕の方位で運命を好転させる

方位の力を借りる開運の行動として、毎日できる簡単な方法があります。それは、枕の向きを吉方位に変えることです。

部屋やベッドの配置によっては、方位の制限があり、枕の位置が変えにくいケースがあるかもしれませんが、**眠っている間に運気をアップできる**のですから、やってみない手はないと思いませんか？　これを機に、模様替えも兼ねて枕の位置を変えてみることをおすすめします。

**●金運アップの枕位置**

金運を上げたい人は、北枕にすると「財運が上がりお金が貯まる」とされています。
ちなみに、金運を上げるには、黄色の枕を使うのがおすすめです。

**●恋愛運アップの枕位置**

恋愛運アップに効果的なのは、南東枕。家の中心から見て南東の部屋で眠るか、南東向きに枕を置いて眠りましょう。良い出会いが欲しい人、素敵な人と結婚したいという人は試してみてください。

**●仕事運アップの枕位置**

仕事運アップを願うなら、東枕。仕事で成果を出したい人や、重要なプロジェクトを成功させたいというときには東枕で眠りましょう。枕元にピンクや黄色、ブルー、白など4色の花を飾るとさらに仕事運がアップします。

## ●健康運アップの枕位置

「最近、眠っても疲れが取れない」「気持ちがモヤモヤしている」など、健康に不安を抱えている人には東枕がおすすめです。そのほか、西枕はぐっすりと眠れる方位で、ゆっくり睡眠をとりたいときにおすすめ。赤い枕が効果的です。

# 月のパワーを味方にする

約29日をかける月の満ち欠けは、人の心に大きな影響を与えます。

満ち潮や引き潮のように目に見える現象は知られていますが、それぱかりでなく、私たちの感情やエネルギーにも影響を及ぼしているのです。とりわけ**女性は、月の影響を毎日のように受けています。**

月の満ち欠けのリズムと特性を知ると、月のパワーを生かすことができます。

●新月

最も月が小さくなる「新月」は、体を「浄化」し、新たな力を宿すタイミングです。かつては農民が種を蒔いたと言われる新月の時期には、新たな目標を定めてスタートを切るのに最適です。体を浄化するデトックスをするのもいいですね。

●上限の月

新月から満月までの日数はおよそ14日間。この2週間は、エネルギーを徐々に溜めて行く時期です。このころは、立ち止まって考えるよりも、積極的に行動したほうが良い結果が生み出されます。大胆な決断や重要な決心などは、満月へと向かうタイミングが最適です。人からポジティブな影響を受けやすい時期でもあるので、知らない人と出会うために、賑やかな場所に出かけるのも吉。また、映画鑑賞や読書などで、新たなインスピレーションを受けるといいでしょう。

## ●満月

エネルギーが最大になる満月は、収穫のとき。今までじっくり準備したプロジェクトや作品など、満を持して発表するのにふさわしい日です。一方、体と心の両方に影響が出やすいときでもあります。寝つきが悪くなる不眠の症状や気分がイライラする場合もあるので、普段よりリラックスして過ごすことを意識しましょう。

## ●下弦の月

満月から新月までの下弦の月の時期は、ゆっくりと人生や自分自身を振り返るのに向いています。今まで精一杯頑張ってきた自分をやさしくいたわるイメージを持つようにしましょう。

**新月**

1日頃の月。地球、月、太陽の順番で一直線になるため、光は届かず姿は見えない。

**上弦の月**

7日～8日頃の月。新月から満月に向かう半分の時期にある月で、形が弓に似ているので上弦の月と呼ばれる。

**満月**

最も丸い状態になる15日頃の月。月と太陽を結ぶ線上に地球が位置し、太陽の光が月全体を照らすので、特に輝いて見える。

**下弦の月**

23日頃の月。上弦の月と反対で、同じ半月でも左側半分が輝いて見える。

# 叶えたい願望に合った神様に会いに行く

一口に開運といっても、神仏にもそれぞれ得意分野があります。

恋愛の願いを叶えたいときには、恋愛に強い神社やお寺を参拝するほうが、仕事運アップの神社やお寺に参拝するよりもご利益があるのは当然です。

加えて、**叶えたい願いに強い神仏に会いに行くときには、吉方位の方角にある神社やお寺を選ぶと、より願いが叶いやすくなる**ので、これからご紹介する「神様・仏様リスト」を参考にしてみてください。

## ◎神様・仏様リスト

神社の主な祭神とご利益

●天照大神《あまてらすおおみかみ》：太陽を司る女神で、万能の神。

ご利益：国家繁栄、世界平和

主な神社：伊勢神宮内宮（三重）、東京大神宮（東京）、伊勢山皇大神宮（神奈川）

●伊弉諾命《いざなぎのみこと》（伊邪那岐命）、伊弉冉命《いざなみのみこと》（伊邪那美命）：神々の中で日本最初の夫婦神。

ご利益：縁結び、夫婦和合

主な神社：多賀大社（滋賀）、伊弉諾神宮（兵庫）、三峯神社（埼玉）

●木花咲耶姫命《このはなさくやびめのみこと》：炎の中で無事赤ちゃんを出産したことで有名。富士山の神。

ご利益：安産、子授け、火伏せ

**主な神社**：富士山本宮浅間大社（静岡）、梅宮大社（京都）、都萬神社（宮崎）

●**八幡大神《やはたのおおかみ》（応神天皇）**：八幡神社の主祭神。武士の守り神として信仰が厚い。

**ご利益**：厄除開運、出世、必勝

**主な神社**：宇佐神宮（大分）、石清水八幡宮（京都）、鶴岡八幡宮（神奈川）

●**猿田彦命《さるたひこのみこと》**：天の神々が地上に降りるときに道案内した神。物事の最初に現れて良きほうへと導いてくださる神様。

**ご利益**：交通安全、縁結び、延命長寿

**主な神社**：猿田彦神社（三重）、二見興玉神社（三重）、椿大神社（三重）

●**少彦名命《すくなひこなのみこと》**：大国主命の国づくりを助けた神。人々にさまざまな病気の治療法を教え、温泉を発見し勧めた医薬の神。

**ご利益：**病気平癒、健康成就
**主な神社：**少彦名神社（大阪）、淡嶋神社（和歌山）、大神神社（奈良）

主な仏様とご利益

**●阿弥陀如来《あみだにょらい》**
**ご利益：**極楽浄土、現世安穏のご利益がある。
**主な阿弥陀如来：**平等院鳳凰堂　阿弥陀如来坐像（京都）、永観堂　見返り阿弥陀如来立像（京都）

**●大日如来《だいにちにょらい》**
**ご利益：**諸願成就。どんな願いも叶えてくださると言われる。
**主な大日如来：**円成寺　大日如来坐像（奈良）、妙楽寺　大日如来坐像（千葉）、中

尊寺　一字金輪佛頂尊（岩手）

●薬師如来《やくしにょらい》

**ご利益：**病気治癒、健康長寿、安産、災難除去

**主な薬師如来：**新薬師寺　薬師如来坐像（奈良）、大善寺　薬師如来坐像（山梨）、勝常寺　薬師如来坐像（福島）

●十一面観音《じゅういちめんかんのん》

**ご利益：**10種類の現世利益（病気から守る、不慮の事故から守られる、財産や食事の心配がないなど）、4種類の後世利益（臨終に如来に会える、地獄に生まれ変わらない、早死にしない、極楽浄土に生まれ変わる）がある。

**主な十一面観音：**聖林寺　十一面観音立像（奈良）、向岸寺　十一面観音立像（滋賀）

●如意輪観音《にょいりんかんのん》

**ご利益：**智慧、財福、福徳授与、安産のご利益があるとされている。

**主な如意輪観音：**観心寺　如意輪観音坐像（大阪）、神呪寺　如意輪観音坐像（兵庫）

●地蔵菩薩《じぞうぼさつ》

**ご利益：**無病息災、五穀豊穣、安産、子授け、悪縁を断ち、良縁を結ぶといった、さまざまなご利益がある。

**主な地蔵菩薩：**法隆寺　地蔵菩薩立像（奈良）、安産寺　地蔵菩薩立像（奈良）

●勢至菩薩《せいしぼさつ》

**ご利益：**人としての道を外すことなく生きる智慧を授かることができ、現世安穏、開運招福のご利益があるとされる。

**主な勢至菩薩：**仁和寺　勢至菩薩立像（京都）、長福寺　勢至菩薩坐像（愛知）

●聖観世音菩薩《しょうかんぜおんぼさつ》

**ご利益**：現世利益、病気平癒、厄除け、開運、極楽往生など幅広いご利益がある。

**主な聖観世音菩薩**：薬師寺　聖観世音立像（奈良）、鶴林寺　聖観音立像（兵庫）

●毘沙門天《びしゃもんてん》

**ご利益**：財宝と福徳を授け、戦いを守護するご利益があることから、戦勝祈願、商売繁盛、財宝福徳の神として祀られる。

**主な毘沙門天**：願成就院　毘沙門天立像（静岡）、鞍馬寺　毘沙門天立像（京都）

●大黒天《だいこくてん》

**ご利益**：五穀豊穣や良縁、勝負運、出世運、金運のご利益がある。

**主な大黒天**：観世音寺　大黒天立像（福岡）、興福寺　大黒天立像（奈良）

## ◎神様、仏様の前では名前と住所を忘れずに

あなたは神前、仏前で手を合わせるときには、どんなことを考えていますか？

神様に対しての日頃の感謝、叶えてもらいたいお願い事だけ、という人も多いのではないでしょうか。せっかく神社やお寺を参拝しても、それでは、大きなチャンスを逃していると言わざるを得ません。

神様や仏様は、私たち一人ひとりのことを把握されているわけではありません。だから、**お願い事をするときには、名前や住所を唱えましょう。**「神様だから、全てお見通しなのでは？」と思うかもしれませんが、自分の敷地内に入ってきて名乗りもせずに都合良く願い事だけを唱えるのは失礼ですよね。ここは、ご挨拶のつもりで名前と住所を名乗りましょう。

名前と住所を唱えることで、神様や仏様があなたを見守りに来てくださるかもしれません。そこで、あなたが願い事に対して真摯に努力をしている姿が確認できれば、お力添えをしてくださるのではないでしょうか。

私は信仰する仏様の前では、将来の明確な志を述べるとともに、「真言」を唱えています。真言というのは、サンスクリット語のマントラの訳語で「仏の真実の言葉、秘密の言葉」という意味。仏様にはそれぞれに真言があるので、願い事をするときに真言を唱えると、いっそうご利益が得られやすくなると言われています。興味のある方は、一度調べてみることをおすすめします。

神仏に祈ることで心を清め、
パワーをいただきます

# 土地の神様に挨拶と初詣

目的に応じた神様に会いに行くことが、祈願のポイントだとお話ししました。

しかし、その前に参拝しておかなければいけない神社があります。

この本を読んでくださっている皆さんは、今住んでいる**家から最も近い土地の神様への挨拶**を終えているでしょうか。特に引越しをしたときには、新居から最も近い神様に挨拶をするのが礼儀です。必ず訪れましょう。

また、初詣で、土地の神様を訪れるのも礼儀です。必ずしも元旦に訪れる必要はありませんが、三が日の間には参拝したいですね。

## ◎おみくじではお言葉をいただく

初詣に訪れたら、開運のための行動の一つとして、おみくじを引くことも大事。前の晩から、翌日に訪れる神社を思い浮かべて、「明日うかがいますので、お言葉をください」と念じてから眠りにつきます。そして、翌日におみくじを引く前に手を合わせて、もう一度「今から引きますので、お言葉をください」と念じましょう。

1年の始まりということもあって、おみくじの結果を気にする人は多いですが、たとえ凶であっても、大凶であっても、全く気にすることはありません。

**重要なのは、おみくじに記された「お言葉」をいただくこと**です。おみくじには、その札を引いた人への神仏からのありがたいメッセージやパワーが秘められています。

吉凶にかかわらず、今のあなたにとって必要な教訓が書かれたメッセージなのです。

「吉」や「大吉」といった結果だけに一喜一憂して、さっさとご神木などに結びつける人がいますが、それではせっかく神様から授かったお言葉をきちんと理解できているのかと、心配になってしまいます。

おみくじは、神社で結んできても、身につけておいても構わないと言われています。ただし、いずれの場合も、そこに書かれた神様の言葉を大切に胸にしまう。そうして1年間精進することが開運につながるのです。

あなたに必要なメッセージを
しっかり受け取って
幸運をつかみましょう

# 人・物の断捨離をする

最近、運気が停滞気味だと感じていませんか？

新しい運を呼び込むためには、古いものを手放す勇気も必要です。**特定の人や物にこだわり、執着していると、運は開かれない**からです。

例えば、長く片思いの恋をしているとしましょう。相手には全くその気がなくて、いつか諦めなければ幸せにはなれないとわかっている。でも、踏ん切りがつかない。結局ずるずると片思いを続けてしまい、結果的に、新しい人と出会うための時間を、全て無駄に費やしてしまった、ということになります。

こうした事態を打開するには、思い切って**人の断捨離をするのが効果的**です。

## ◎縁結びの前に行きたい縁切り寺

縁結びの神社やお寺に行く人は多いですが、その前に行くべきは〝縁切り寺〟や〝縁切り神社〟です。特に、今住んでいるところから、南の方角にあるお寺のお地蔵様に手を合わせると良いでしょう。なかなか思い切れなかった人との悪縁を絶つことができるはずです。心機一転、さっぱりと**停滞している人との縁を切ることができたら、新しい運を呼び込むことができます。**

悪縁を切るのは、恋愛ばかりではありません。

足の引っ張り合いをしている腐れ縁の友人や、無駄な時間を過ごしていると思いながら、いつ会っても会社や上司の文句を言って過ごしている会社の同僚……**いつかは**

**切りたいと思っている関係を思い切って清算する勇気も大切**です。

部屋の中から使わない物を断捨離するのも同様です。特に**洋服は外でついた悪い気が溜まりやすいので要注意。**物が溜まって、収納からはみ出しているような部屋には新たな運気の流れはやってこないと心得ましょう。

なんとなく低め安定の運気が続いているように感じるならば、人と物の断捨離をしてみてはいかがですか。

悪い気や悪縁を祓い、
良い気を取り入れ、
良縁を結ぶことが大事

# 見たい夢は自分で作る

## 夜

眠りにつくとき、私は自分の夢を鮮明に思い描くのが日課です。どのようなシチュエーションで、どのような夢を叶えたいか。できる限り、細かく具体的に想像します。

『思考は現実化する』という、多くの人に読み継がれてきた成功哲学の本がありますが、私が眠る前に夢について思考するのは、まさにそれです。

**人間の思考はとても大きな力を持っています。**ただ、日常的に自分の思考と真剣に向き合い続けることは難しいものです。

そこで、これから**自分がどういう風になりたいか、夢でイメージする**わけです。

自分で明確に想像できないことは、現実化できません。

あなたは、これから先どんな夢を叶えたいか、夢を叶えた自分を詳細に思い浮かべることができますか？　もし漠然としているなら、夜眠る前に具体的なイメージが持てるように、じっくり考えてみてください。

眠りに落ちる瞬間の、レム睡眠状態で脳が考えたことは、現実化されやすいと思っています。この、イメージトレーニングを毎日の習慣にすることで、夢はぐっと叶いやすくなります。

# ツイていないときに使いたい魔法の言葉

言《こと》霊《だま》という言葉をご存じでしょうか。

言霊とは、古代の日本で、言葉に宿ると信じられていた不思議な力のこと。発した言葉通りの結果を現す力があるとされてきました。私は、言霊は現代にも通じていると考えています。

## ◎積極的に使いたい魔法の言葉

なんだか最近、ツイていないと思うことはあるものです。けれど、「ツイてないな」「最近運が悪いな」などと口にすると、ますます気分は沈んでいきます。すると何をやっても上手くいかないという気持ちに引っ張られていき、悪循環に陥ってしまいます。まさに、言霊の力がここでも発揮されているのでしょう。だから、ツイていないと感じるときにこそ、あえて「ありがとう」に代表されるような**ポジティブな言葉を使う**ようにしましょう。

ちなみに私が、20代のころに、口癖のように発していたのが「人生最高！」。人はいつ死ぬかわかりません。もしかしたら明日死んでしまうかもしれない。後悔の残る人生にしたくないから「人生はいつだって、今が最高だ！」と言えるように、生きていたいと思っていたのです。

ただ、私が「人生最高！」と言っているのを聞いた周りの人は、もしかしたら、不快な気分になるかもしれない。「私だけが最高であればいい」という自分勝手な言葉に聞こえるかもしれないと、ふと気づいたのです。

それ以来、「やっぱ愛やろ!」という言葉が口癖になりました。人に感謝することも、人のことを大切にすることも、人を笑顔にしたいと思えることも、すべて「愛」があるからこそ、できることですから。

どんなときも愛を大事にしたいと思って、「やっぱ愛やろ!」という言葉をお守りのように発しています。

こうしたポジティブな言葉は、人の気分を上げてくれるパワーを持っていますから、1日に何度も口に出したいものです。

## ◎言ってはいけない悪魔の言葉

人を元気にしてくれる魔法のようなポジティブな言葉がある一方で、ひと言口に出したただけで人の運気をたちまち下げるような言葉もあります。「ツイてない」に代表されるネガティブな言葉がそれです。

時々、いませんか？「はぁ」とか「あーあ」というように、周りの人にまで聞こえてしまうほど、大きなため息をつく人が。時には、ため息をつきたくなるときがあるのも理解できます。しかし、今を生きているだけで幸せだという感謝の気持ちをどんなときも忘れていなければ、大きなため息をつこうとは思わないものです。私は、周囲で人がため息をつくと、その場からすっと離れるようにしています。その人の悪い気をもらいたくないからです。

また、口を開くと「何か面白いことない？」と、人に尋ねる人にも近づきません。自分では何の努力もしないで、人から面白い情報をもらおうと考える「私が、私が」の人のもとに、良い運気が流れるわけはありませんから。

**人は、発する言葉で幸せな気持ちにも、不幸せな気持ちにもなります。**ならば、幸せな気持ちになれる言葉を選んで使ったほうが断然気持ちがいいですよね。言葉には、その言葉通りの結果を引き寄せるパワー＝言霊があるといつも心に留めておきたいものです。

あなたを幸せに導く
言葉は何ですか?
探してみましょう

# 上手くやろうとしない

大事なプレゼンテーションや会議で、プレッシャーやストレスを感じてしまう。せっかく本番に向けて万全の準備をしてきたはずなのに、ここ一番のときに力を出し切れないのは、とても悔しいですよね。

そんな悩みを持つ人にお伝えしたいのは、上手くやろうとしないこと。当然、本番に向けての準備や練習をしっかりとするのは大前提です。準備をしたら上手くやりたいという気持ちが芽生えてきます。そこで頭を切り替えて、「**ここまでやったのだから、後は失敗してもいいいや**」と思って、肩の力を抜いて臨んでみてほしいのです。

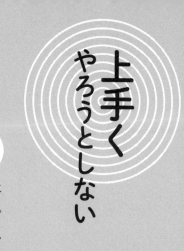

表舞台で誰もが、成功したいという気持ちを持っています。しかし、その思いが先走りすぎているのは、**目の前のことよりも、終えた後の評価について考えている状態**なのではないでしょうか。つまり、プレゼンや会議そのものに集中ができていないということになります。

やる前から**成功や失敗といった評価のことを考えない**。そして上手くやろうと思わず、失敗してもいいからとにかく**目の前のことに集中しようという気持ちを大切にし**てみましょう。

それでも緊張してしまうというときには、**丹田に力を入れてみましょう**。丹田というのは、人の体のへその下あたりに位置し、気力が集まるところとされています。この丹田にぐっと力を入れて、**左足から行動を起こしてみる**のです。こうした本番前の自分なりのルーティンを実行してみたら、緊張する場面でも「大丈夫」だと思えるようになるものですよ。

**丹田に力を入れると**
**パワーと気を**
**集めることができます**

# 住

## 運気が上がる部屋づくり

**まいは、多くの時間を過ごす場所です。それだけに、漂う〝気〟が悪ければ、悪運を呼び寄せる原因になってしまいます。**運気は清潔な空間を好みますから、常に掃除をして美しく保つように心がけなくてはいけません。

中でも、特にきれいにしておきたいのは、新しい気を取り込み、古く淀んだ気を外に出す空間である玄関。玄関を広々と、明るく清潔にすっきりとさせておくことで、家全体の気の巡りが良くなり、運気が良くなります。靴や傘を置きっぱなしにせず、何も置かない状態をキープし、まめに空気の入れ替えも行いましょう。

次のような部屋づくりを目指してみましょう。

●玄関

とにかく、きれいな状態を保つのが鉄則。運は風に乗って移動して水に降りるといわれているため、水を打つのも効果的です。マンションなどで水を打つのが難しい場合は、水槽や花瓶など、水の入ったものも運気を運んできてくれます。また、外から帰ってきて最初に触れるドアノブは、汚れや邪気がつきやすい場所。掃除をする際には必ずドアノブまで拭きましょう。

●キッチン

キッチンは、金運や財運に影響を与える場所。ガスコンロやシンクの周辺が汚れていては、金運が下がってしまいます。ほかにも冷蔵庫の表面や食器棚のガラスなども良く磨いて、清潔にしておきたいところです。

**●リビング**

リビングは、コミュニケーションに影響を与える空間と言われています。悪い気を吸って新鮮な空気をもたらしてくれる観葉植物を置くのがおすすめ。リビングは家の中で最も大きな窓があり、玄関に次いで気の出入りが大きいので、月に一度は窓を拭き、網戸の汚れも落としましょう。

**●バスルーム**

バスルームは汚れを落として自分自身を輝かせる場所。お風呂は毎日入りたいところですが、カビやぬめりがあると悪い気が発生します。排水口やシャンプー類のボトル裏などは、こまめに掃除を。また、シャンプー類のボトルは元気が出るようなビタミンカラーに詰め替えると吉です。

●トイレ

トイレは、悪臭や汚れが溜まりやすい場所。どうしても悪い気が停滞しがちです。換気を行い、便器の汚れもこまめに掃除しましょう。柑橘系の香りがするものを置いておくと、健康運を上げてくれます。

# ほくろの位置が表す意味を知る

顔の中にあるほくろは、その人の顔を印象づけるほど存在感があります。

占いでは、ほくろが現れる位置によって、さまざまな運勢がわかるとされています。この情報を知っていれば、初対面の人であっても、ほくろの位置を確認するだけで、その人にどんな特徴があるのかがわかります。

以下のような場所にほくろがある人はいませんか？　自分はもちろん、知り合いのほくろも一度チェックしてみてはいかがでしょうか。

## ◎ほくろ占いで内面がわかる！

### 額のトップ

キャリアウーマンに多いほくろの位置です。親から財を譲られるが、損失しやすいので注意。目上の人を敬い、信仰心を持つことで防げます。

### 額と眉の間

この位置にあるほくろは、ビジネスでの成功を暗示します。ただし、強い個性によって社会に認められた場合に限るため、変化を求めて生きましょう。

### 涙ボクロ

さびしがりや。流されやすい一面があります。軽い男性との恋愛や不倫など、幸せになれない恋愛をしないように注意しましょう。

### 顎の下

衣食住に困らないお金に縁のある人。この位置にほくろがある人は、人よりも裕福に生きられます。

### じんちゅう（鼻の下）の横

この位置にほくろがある人は、食べることが大好きなグルメな人が多いです。軽はずみな恋愛をしがちな一面も。

### 下唇

この位置にほくろのある人も、衣食住には困りません。また恋愛相手にも困りませんが、エロティックな失敗には注意しましょう。

# ラッキーフードを食生活に取り入れる

美

味しいものを食べると、幸せな気持ちになれますよね。それだけで十分に運気が上がりそうですが、**日常の食事からも良い気を取り込むことができるの**で、ぜひ試してみましょう。

「食風水」によると、食べることで運気アップにつながるのは、食材や調理法などを通して、自分に足りない気を取り込むことができるからです。また当然旬の食材は、栄養だけでなく、強い気をもっているため、季節感も考えながら次のような食材を積極的に取り入れましょう。

**野菜：**新鮮な野菜には、大地からのエネルギーが強く作用しています。家庭内の総合的な運気アップ効果があります。

**麺類：**麺類は「ご縁」をたぐり寄せる食べ物。恋愛運、結婚運アップに効果的。蕎麦やパスタ、うどんなど細くて長いものならＯＫです。

**鶏肉：**鳥は金運を招くとされる酉に当たります。そのため、金運アップ、事業運アップが望めると言われています。

**白い食べ物：**ヨーグルトや牛乳など、白い食べ物は信頼を得て、人間関係をスムーズにする効果があると言われています。

**卵：**卵は「お金を生む」食べ物。金運を左右するような予定がある日は朝ごはんに取り入れてみてください。

**鏡餅：**古来、白くて丸いものは、神様との約束事に使うとされてきました。お餅を食べると、神様からのご加護をいただけると信じられています。

## ◎陰と陽の食バランスに開運効果あり

食風水では、生ものを「陰」、火を通したものを「陽」とし、陰陽の食べ物をバランス良く摂ると、開運効果があると言われています。

そしてもちろん、どんなに運気の上がる食材を取り入れても、忘れてはいけないのは感謝の気持ち。「いただきます」と手を合わせて、食べ物の命をいただくということに感謝する気持ちを忘れないようにするのが大切です。

良い気を取り入れて
どんどん運気を
上げていきましょう！

# 3日断食で強運体質に

**体**調が思わしくないとき、人から精気が失われてしまいます。

健康でなければ運は開けませんから、心身を健やかに保つためにぜひおすすめしたいことがあります。

それは、私も長く実践している3日断食です。断食と聞いて、私にはとても無理だと思ったあなた。楽にできるとは言えませんが、**体内に自然に溜まった毒素を断つことで、体の中からきれいに生まれ変われる**としたら、興味が湧いてきませんか。

そもそも現代人の、「いつでも好きなだけ食べる」という食生活では、食べ過ぎだと言われています。胃腸は消化に追われっぱなし。気がついたときに、断食をすることで、消化器官を休めることもできます。

さっそく私の3日断食の方法をお教えしましょう。

1日目　朝食におかゆ、昼食、夕食は取りません。
2日目　朝、昼、夕食とも取りません。
3日目　朝食は取らず、昼食におかゆ、夕食から普段に戻ります。

※この間、水はどれだけ飲んでも構いません。
※断食をしている間はお風呂に入るとのぼせやすくなるので、シャワーでさっと済ませる程度にしておいたほうがいいでしょう。

3日断食をするにあたっては、月のパワーの話（P112～）でもご紹介したように、**デトックス効果が期待できる新月の間に行うとより効果的**です。

特に2日目は食べ物を一切口にしませんから、空腹との戦いはやはり辛いです。しかし、空腹に耐えた翌日、3日目のおかゆのなんと美味しいこと！　米一粒ひと粒がこんなに美味しいものだったのかと、改めて食べ物への感謝の気持ちも芽生えてきます。ぜひお試しあれ。

# お金に愛される財布を持つ

お

**金を象徴する財布は、金運を左右するアイテム**です。

今、あなたが使っている財布は、使い込んでボロボロになっていたり、汚れが目立ったりしていませんか？　そうした財布では、福を呼び込むことはできません。財布がきれいな人は金運がいいという共通点があります。

昔から、日本では1月から3月に新調する財布のことを春財布＝張る財布と呼んでおり、金運アップにつながるものだとされてきました。必ずしも1年に一度、この時期に新調しなければいけないというわけではなく、財布がきれいな状態をキープするのがポイントなのです。

次に紙幣の入っているスペースをチェックしてみましょう。もし今、レシートや領収書と紙幣が交ざって整理できておらず、パンパンになっていたり、紙幣の向きが揃っていなかったりと、金運を下げてしまう使い方をしている人は、今すぐに財布の整理に取り掛かってください。

## ◎金運アップ財布の使い方

### 1、小銭をたくさん入れない

小銭が多いと、お札の居心地が悪くなってしまいます。どうしても増えてしまうときには、小銭入れを別に持つようにするといいでしょう。

### 2、数字の9とZの文字がポイント

表面の右下に印字されたお札のナンバーの末尾が、数字の「9」とアルファベットの「Z」のものは、金運を上げる効果があります。数字の9には完結、マックスという意味があり、Zも無限という意味があります。9とZの両方が印字されたお札は最強なので、財布の中で保管しましょう。

### 3、牛革の黒の財布

お金が出て行きにくいのは黒色の財布。革は、牛革あるいはヘビ革がおすすめです。

また、キャッシュレス化が進む今、その波に乗るのも金運アップのためには欠かせません。前述のように2020年は変革の年であり、キャッシュレスの動きもその一つです。運気を高めるためにも、まだ**キャッシュレスを活用していない人は、遅くとも今年中に利用を始めることをおすすめします。**

強運のメソッドを、
どんどん実践していきましょう

# おすそ分け運をもらう

貧乏神と福の神、あなたはどちらとお近づきになりたいですか？

当然、福の神ですよね。運の良い人は、笑顔で明るく、華やかな雰囲気を持っているものです。そんな人の幸運をおすそ分けしてもらいましょう。

**良い運気は明るい〝気〟を持つ人のところに集まるので、運のいい人のそばにいることにより、運を分けてもらうことができる**のです。

運の良い人と、進んでお近づきになりましょう。

運の良い人は、

1、時間に正確な人（時間を大切にしない人は金運にも恵まれません）

2、肌や髪につやのある人

3、靴がきれいな人

というような特徴があります。

これら全てが当てはまる人ならば、必ず良い運気をまとっているはずです。運の良い人の周りには、良い情報が飛び込んで来ます。一緒に過ごしていると、その人の考え方や行動を参考にしたいと思えることも多く、運はもちろん、たくさんの気づきも与えてもらえます。

運は、そうやって周りの人たちに伝染していくものですから、自分の運が良いときには、周りの人たちにもおすそ分けをするつもりで笑顔で明るく過ごしたいですね。

# 金運を呼び込むルールは生き金を使うこと

お金持ちになりたい！

この欲望は、個人差はあっても、誰もが持っていると思います。

**金運をアップさせるためには、「生き金」を使うのが一番の近道です。**

「生き金」とは、価値がある物事に有効に使われるお金のこと。人を幸せにしたり、自らの将来につながったりするお金の使い方です。逆に「死に金」とは、貯めるだけで活用しないお金や、役に立たないところに使う無駄なお金を意味します。

時間の無駄にしかならない飲み会に参加する、それほど欲しいわけではないのに洋服などをセールだから買うといった行為は、死に金使いの代表格と言えます。

では、生き金とは具体的にどのようなお金のことを言うのでしょうか。

**1、お祝い事など、大切な人への気持ちを表すお金**

昇進やお誕生日のプレゼント、仕事でお世話になった人へのお礼、仕事で疲れている同僚や後輩を励ますためにご馳走するといったお金の使い方は生き金です。

**2、技術や知識などを磨くために必要な投資**

将来のキャリアアップを目指して、資格取得のための参考書を買ったり、お稽古事をするといった自分のために使うお金も生き金になります。

## 3、ボランティアや寄付といった慈善活動の資金

人を幸せにするために、ボランティア活動や寄付金という形で、お金を使うことも生き金です。

このように、使う意味があったと自分の心が前向きになるような使い方ならば、生き金です。自分が「良い使い方をした」と納得できる使い方を習慣づければ、金運が巡ってきます。

# ニューノーマルを受け入れる

2

０２０年は変革の年。これは、冒頭でもお話ししましたが、変革には痛みが伴うということも覚悟しなければいけません。大変という言葉がありますが、大きな変化を乗り越えるために、人は大変な思いをするものなのです。

社会が大きく変わろうとしている今、例えばインターネット専門の小売店のように、変革前と全く同じ商いをしていても急激に売り上げが伸びる企業がある一方で、悪化する業種が増えています。多くの業種が、既存のビジネススタイルでは存続が厳しくなってきているのが現実です。

新型コロナウイルスが世界中に蔓延してからというもの、多くの飲食店が営業自粛や営業時間の短縮の要請を受けるなど、これまでに経験のない苦難に見舞われました。

不運な現状を嘆きたくなった店主は多いと思います。しかし、そんな中でも希望を忘れずに、いかにピンチを乗り越えようかと考えて動いた店もたくさんありました。それまでテイクアウトをしていなかった店がランチタイムにお弁当を販売するようになったり、宅配業者と契約してお弁当を配達するようになったりと、態勢を整えた店もあります。

このように、**強制的に変化をせざるを得ないような状況を迫られるのが、大きな変革期に当たる2020年の特徴**です。そこで、どのように舵を切るか。各企業や各店舗、そしてそこで働く人々の真価が問われる時期でもあるのです。

## ◎時流に乗ることは、宇宙の法則に乗ること

時流に乗ることは、宇宙の法則に乗ることにもつながります。**変化の大きなうねりに飲み込まれず、そして乗り遅れない。**これが、これからの新たな社会を生き抜くキーワードとなっていくでしょう。

他業種と同じように、占いの業界も新型コロナの発生以降、大きく変化しています。今までの対面式から、リモートでお客様と対話する形式へと変わってきているのです。長く対面で占いをしてきた占い師は、スタイル変更に苦慮している人もいるかもしれません。ただ、福岡と東京の両方に拠点を置く私にとっては、どこにいても占いができる現在の状況はむしろチャンスだとポジティブに捉えています。

**変革期は、大きく変わる社会をポジティブに捉えるか、ネガティブに捉えるかで、その後の行動が変わってきます。**

これまで一つずつ積み上げてきたことが否定されているように感じられて、現状を嘆いたり、慌てふためいたりすることは誰にでもあります。

それでも、ニューノーマルな生活を受け入れて、できることから始める姿勢が、開運につながっていくのだと前向きに捉えていきたいですね。

# これから恋を始めるなら、こんな人と！

大きな変化の波が押し寄せている2020年。これまでとは異なるタイプの人が気になったり、タイプが変わったりと人の好みも変化するのでしょうか？

これは難しい問題です。ただ、私は社会の変化によって、人の好みまで変わることはないと思っています。

わかりやすく喩えれば、自分がある程度裕福であれば、相手がお金をもっていることを求めませんが、貧困であれば裕福な相手を求めるのが世の常というものでしょう。

とはいえ、時代が変われば恋愛観も変化します。変革期だからこそ、お金より価値観の共有など、より内面的な志向へと変化するのではないかとも予想します。

運気には流れがあるとお話ししましたが、2019年から2020年と変革期を迎えた今、人がふるいにかけられ、試される期間にあります。**変革期が来ても古いやり方に執着している人が、ふるい落とされてしまうのです。**

それでは変革期の今、どんな人に恋をすると、運気がアップするのでしょうか。

私がおすすめするのは、**愛と志を持っている人**です。そして、新しく種を蒔くのに最適な子年に、**変化を恐れず新しいスタートができる人。**

混沌とした状況の中では、人は欲深くなっていくものです。全ての人が生き残りをかけて必死にもがいているのですから、それ自体は仕方がないことだと思います。ただし、そこに愛があるかどうかは重要なポイントです。「私が、私が」となるのではなく、社会のために何を志し、何をしようとしているか。これから新たに幸せな恋愛を始めたいと思うなら、その点はぜひ、きっちりと見極めてほしいと思います。

**変化を恐れず、**
**変化を楽しみながら**
**豊かな人生を送りましょう！**

# 第4章

# 帝王占術

木下レオン

占

「帝王数」で占う基本性格と、「帝王吉方」で占う2020年～2022年の吉方位をお教えします。自分を知るとともに吉方位に出かけて良運を引き寄せましょう。

# 帝王数

## ◎帝王数の算出法

「生まれた日」をもとに算出した1から9の数字を帝王数とし、9グループにあてはめて見ていきます。

※誕生日の十の位と一の位を、数字がひとケタになるまで足す。

**例1　「15日生まれ」の人の場合**

【15日生まれ】＝1＋5＝6　グループ6となる。

### 例2 「28日生まれ」の人の場合

【28日生まれ】＝2＋8＝10　1＋0＝1　グループ1となる。

計算結果をもとに自分のグループを確認してください。

グループ1の人【王冠】
グループ2の人【エスパー】
グループ3の人【自由人】
グループ4の人【救世主】
グループ5の人【ピュア】
グループ6の人【神様の子】
グループ7の人【ダイヤモンド】
グループ8の人【メビウスの輪】
グループ9の人【慈悲の人】

## ◎グループ1【王冠】

1のあなたは、トップやリーダーの星を持っており、多くの人を導く義務や役割を担っています。そのため、束縛されたり頭から押さえつけられたりするのが苦手です。人前で話す機会も多いのですが、意外と不器用です。常にポジティブで、感受性豊かであり、行動力もあります。

また辛抱強く、やさしい心の持ち主です。楽しいことが大好きで、アウトドアも大好き。外では社交的ですが、家庭や身内には厳しい面もある内弁慶タイプです。

知的で好奇心旺盛なため、何事も一番に取り組もうとしますが、飽きっぽいところもあるため、注意が必要です。

## ◎グループ2【エスパー】

2のあなたは、不思議な力を持っており、先を見通す力があると言えるでしょう。想像力が豊かで、時に妄想癖もあり、完璧主義です。それゆえ、優柔不断な一面もあります。

また親思いで、人への感謝の念も強く、穏やかで人の心の痛みに共感できる慈悲深い人です。人に対しての包容力もあり、真面目で面倒見も良いため、周囲に人が集まりやすいでしょう。母性を生まれながらに持っているため、同性・異性問わず好かれやすいです。口は堅く、人に流されることはありませんが、人の目は気にするタイプ。持ち物は大切に扱う人です。

## ◎グループ3【自由人】

3のあなたは、良くも悪くも子供のような性格の人。人を楽しませることが好きで、また、人を楽しませる才能もあります。冗談を言って人を笑わせたり、いたずらやサプライズも大好き。歌や踊りで賑やかな演出をするのも得意です。

ただ、落ち着きがなく飽きっぽいため、何事も我慢するのが苦手。駄々っ子で周りを困らせることもあります。頑固ではありますが、真面目にコツコツと物事を進めます。一度集中すれば、周りのものは一切見えなくなり、誰が呼んでも気づかないような、高い集中力を見せる面もあるようです。恋愛においては、好き以外の理由はいらないといったシンプルな恋愛を好みます。

## ◎グループ4【救世主】

4のあなたは、真面目で正直者、自分の意見をはっきり言える人です。嘘をつくと顔に出てしまう、隠し事ができないタイプです。一度決めたことは頑として曲げない、負けず嫌いな人。誰がなんと言おうと、自分の目標に邁進し、真面目にコツコツと物事を進めます。

しかし、目標を決めるまでに時間がかかるマイペースな人ゆえに、なかなか行動に移せないところがあり、また、自分の過ちを認めたくない弱さも持っています。自分が認めた人にはやさしいのですが、やさしさと弱さが表裏一体の人です。

### ◎グループ5【ピュア】

5のあなたは、人を信じ、何事に対しても素直に受け止め、また、素直に人に頼ることができる人です。人からのプレゼントにも素直に喜びます。とにかくキラキラしていて魅力的な人。感情移入しやすく涙もろい面もあります。

純粋な人であるからこそ、恋愛においては一途に想い続けるタイプ。相手を地位などで判断することなく、相手の性格や外見に惹かれて、どんどん好きになります。しかし、恋愛における駆け引きは苦手なタイプです。何に対しても夢中になれるため、初めてのもの、場所、情報などがとにかく好き。〝初めて〟には敏感です。

### ◎グループ6【神様の子】

6のあなたは、正義感が強く正直で、面倒見も良く温かい人でしょう。それゆえ信頼を集めやすいリーダータイプです。ただ、モラルやマナーには厳しく、自分が正しいという考えが強い人。頑固で空気が読めず、柔軟性に乏しい面もあります。そんな面倒な一面がプライベートでは敬遠されてしまうことも。そのため、自分に自信がなく、結果周りの目を非常に気にします。過去に辛い経験をしたことがある場合、困っている人がいたら手を差しのべて助けるようなやさしさもあります。

### ◎グループ7【ダイヤモンド】

7のあなたは、我が道を行くタイプです。何か一つに集中すると、極めるまで頑張る人で、常に完璧を目指します。ストイックな人というイメージを持たれやすい。一本気で筋を通す、まっすぐな人ですが、プライドが高くナルシストな一面もあり、少しうぬぼれが強いところもあります。

人からの評価や意見は気になりません。孤独を感じることもありますが、一人で過ごすことが苦にならない人です。マイペースな性格のため、人から干渉されたり指示されたりするのが苦手です。関心のあるものはとことん追求し、値段が高くても、良いと思ったものは購入するという決断力もあります。とにかく仕事人間ではありりますが、周りが気づかないような細かいところまで目が届く人です。

## ◎グループ8【メビウスの輪】

8のあなたは、無限大の可能性を持っています。とにかく頑固で負けず嫌い。何事も貪欲に追求し、欲しいものがあればどんなことをしてでも手に入れたい人。手に入れるためには一生懸命頑張り、疲れ知らずで、その目標に邁進していくタイプです。仲間や友達と一緒に仕事をしたり、チームでの作業も大好きです。恋愛へのエネルギーも無限大で、好きになったら相手にどっぷりハマります。相手に情熱を与え、必ず自分のものにしようとします。一方、相手にやさしく、また、相手の気持ちを考えられる魅力的な人でもあります。

## ◎グループ9【慈悲の人】

9のあなたは、他者にやさしく、そしてクールで知的な人です。周りに配慮できるため、みんなに好かれる人。ただ、周囲に大変気を遣うタイプでもあり、人見知りなところも。見返りを求めない慈悲深い心を持っています。

何事も人一倍努力をし、勉強熱心で頭も良く、働き者で、信仰深い一面もありますが、妄想や想像力も豊かな、二重人格の持ち主です。幼少期は、親の言いつけを守る素直な子供だったため、謙虚で自己主張をしない人です。人にあまり夢を語りませんが、周りの人以上に夢や志をもっている人が多くプライドも高いところがあります。

# 帝王吉方

## ◎帝王吉方の算出法

「生まれた年」をもとに、9つのグループに分けます。

次の中から、自分がどのグループになるか探しましょう。

| グループ | | 生まれた年 |
|---|---|---|
| 1 | 観世音菩薩 | 1945年 1954年 1963年 1972年 1981年 1990年 1999年 2008年 2017年 |
| 2 | 地蔵菩薩 | 1944年 1953年 1962年 1971年 1980年 1989年 1998年 2007年 2016年 |
| 3 | 普賢菩薩 | 1943年 1952年 1961年 1970年 1979年 1988年 1997年 2006年 2015年 |
| 4 | 薬師如来 | 1942年 1951年 1960年 1969年 1978年 1987年 1996年 2005年 2014年 |
| 5 | 大日如来 | 1941年 1950年 1959年 1968年 1977年 1986年 1995年 2004年 2013年 |
| 6 | 毘沙門天 | 1949年 1958年 1967年 1976年 1985年 1994年 2003年 2012年 |
| 7 | 不動明王 | 1948年 1957年 1966年 1975年 1984年 1993年 2002年 2011年 2020年 |
| 8 | 虚空蔵菩薩 | 1947年 1956年 1965年 1974年 1983年 1992年 2001年 2010年 2019年 |
| 9 | 文殊菩薩 | 1946年 1955年 1964年 1973年 1982年 1991年 2000年 2009年 2018年 |

## グループ1 観世音菩薩

### 2020年の吉方位 「北」「南東」

| | | |
|---|---|---|
| 2020年の月ごとの吉方位 | 10月 | なし |
| | 11月 | 「北」 |
| | 12月 | 「北」「南東」 |

2020年の旅行の吉方位　10月なし、11月「北」、12月「北」「南東」

### 2021年の吉方位 「東」

| | | |
|---|---|---|
| 2021年の月ごとの吉方位 | 1月 | なし |
| | 2月 | 「東」「西」 |
| | 3月 | なし |
| | 4月 | 「北東」 |
| | 5月 | 「西」 |
| | 6月 | 「北東」「西」 |
| | 7月 | 「東」 |
| | 8月 | なし |
| | 9月 | なし |
| | 10月 | 「東」 |
| | 11月 | 「東」 |
| | 12月 | なし |

### 2022年の吉方位 「東」「西」「南東」「北西」

## グループ2 地蔵菩薩

### 2020年の吉方位 「南東」「北西」

| | | |
|---|---|---|
| 2020年の月ごとの吉方位 | 10月 | 「南西」 |
| | 11月 | 「北西」 |
| | 12月 | 「北西」「南東」 |

2020年の旅行の吉方位　10月「南西」、11月「北西」、12月「北西」「南東」

### 2021年の吉方位 「西」「北東」

| | | |
|---|---|---|
| 2021年の月ごとの吉方位 | 1月 | 「北東」 |
| | 2月 | 「西」 |
| | 3月 | 「北東」 |
| | 4月 | 「北東」 |
| | 5月 | 「東」 |
| | 6月 | 「東」 |
| | 7月 | なし |
| | 8月 | なし |
| | 9月 | なし |
| | 10月 | 「西」「北東」 |
| | 11月 | 「西」 |
| | 12月 | 「北東」 |

### 2022年の吉方位 「北」「南」「西」「北西」

※吉方位なしの場合は、できるだけ遠出は避け、ご近所の神社や地元を大事にするようにしましょう。
年と月の吉方位が重なる場合、最大の吉方位となります。

## グループ3　普賢菩薩

### 2020年の吉方位　「北東」「南西」

| | | |
|---|---|---|
| 2020年の月ごとの吉方位 | 10月 | 「北西」 |
| | 11月 | 「北西」 |
| | 12月 | 「南西」「北東」 |
| 2020年の旅行の吉方位 | 10月「北西」、11月「北西」、12月「南西」「北東」 | |

### 2021年の吉方位　「南」「東」

| | | |
|---|---|---|
| 2021年の月ごとの吉方位 | 1月 | なし |
| | 2月 | 「南」「北」 |
| | 3月 | 「北」 |
| | 4月 | なし |
| | 5月 | 「東」「西」 |
| | 6月 | なし |
| | 7月 | なし |
| | 8月 | なし |
| | 9月 | なし |
| | 10月 | 「南」「東」 |
| | 11月 | 「南」 |
| | 12月 | なし |

### 2022年の吉方位　「北」「南」「南東」「北東」

## グループ4 薬師如来

### 2020年の吉方位 「北」

| | |
|---|---|
| 2020年の月ごとの吉方位 | 10月 「北西」<br>11月 「北西」<br>12月 「北」 |
| 2020年の旅行の吉方位 | 10月「北西」、11月「北西」、12月「北」 |

### 2021年の吉方位 「南」「北東」

| | |
|---|---|
| 2021年の月ごとの吉方位 | 1月 なし<br>2月 「南」「北」<br>3月 「北」<br>4月 なし<br>5月 なし<br>6月 なし<br>7月 なし<br>8月 なし<br>9月 なし<br>10月 「南」「北東」<br>11月 「南」<br>12月 なし |

### 2022年の吉方位 「北」「南」「東」「北東」



※吉方位なしの場合は、できるだけ遠出は避け、ご近所の神社や地元を大事にするようにしましょう。
年と月の吉方位が重なる場合、最大の吉方位となります。

## グループ5　大日如来

### 2020年の吉方位　「南東」「北西」

| | | |
|---|---|---|
| 2020年の月ごとの吉方位 | 10月 | 「南西」 |
| | 11月 | 「北西」 |
| | 12月 | 「南東」「北西」 |

| | |
|---|---|
| 2020年の旅行の吉方位 | 10月「南西」、11月「北西」、12月「南東」「北西」 |

### 2021年の吉方位　「北」「西」「北東」

| | | |
|---|---|---|
| 2021年の月ごとの吉方位 | 1月 | 「北」「北東」 |
| | 2月 | 「西」「北東」「南」 |
| | 3月 | 「北」「北東」「東」「南」 |
| | 4月 | 「北」「北東」「南」 |
| | 5月 | 「北」「東」「南」 |
| | 6月 | 「東」 |
| | 7月 | 「西」「東」 |
| | 8月 | なし |
| | 9月 | なし |
| | 10月 | 「北」「西」「北東」 |
| | 11月 | 「西」「北東」 |
| | 12月 | 「北」「西」「北東」 |

### 2022年の吉方位　「北」「南」「西」「北西」「北東」

## グループ6 毘沙門天

### 2020年の吉方位 「北東」

| | | |
|---|---|---|
| 2020年の月ごとの吉方位 | 10月 | なし |
| | 11月 | なし |
| | 12月 | 「北東」 |

2020年の旅行の吉方位　10月なし、11月なし、12月「北東」

### 2021年の吉方位 「南」「北」「西」

| | | |
|---|---|---|
| 2021年の月ごとの吉方位 | 1月 | 「北」 |
| | 2月 | 「北」「西」「北東」 |
| | 3月 | 「南」「北東」 |
| | 4月 | 「南」「北」 |
| | 5月 | なし |
| | 6月 | 「東」 |
| | 7月 | 「西」「東」 |
| | 8月 | なし |
| | 9月 | 「南」 |
| | 10月 | 「南」「北」「西」 |
| | 11月 | 「北」「西」 |
| | 12月 | なし |

### 2022年の吉方位 「北」「西」「北東」

※吉方位なしの場合は、できるだけ遠出は避け、ご近所の神社や地元を大事にするようにしましょう。
年と月の吉方位が重なる場合、最大の吉方位となります。

## グループ7　不動明王

### 2020年の吉方位　「南東」「北東」「北西」

| | | |
|---|---|---|
| 2020年の月ごとの吉方位 | 10月 | 「北西」「南西」 |
| | 11月 | なし |
| | 12月 | 「南東」「北東」「北西」 |

2020年の旅行の吉方位　10月「北西」、11月なし、12月「南東」「北東」「北西」

### 2021年の吉方位　「南」「北」「西」

| | | |
|---|---|---|
| 2021年の月ごとの吉方位 | 1月 | 「北」 |
| | 2月 | 「北」「北東」 |
| | 3月 | 「南」「東」 |
| | 4月 | 「北東」 |
| | 5月 | なし |
| | 6月 | 「東」 |
| | 7月 | なし |
| | 8月 | 「西」 |
| | 9月 | 「南」 |
| | 10月 | 「南」「北」「西」 |
| | 11月 | 「北」 |
| | 12月 | 「西」 |

### 2022年の吉方位　「北」「北東」「北西」

## グループ8 虚空蔵菩薩

### 2020年の吉方位　なし

| | | |
|---|---|---|
| 2020年の月ごとの吉方位 | 10月 | 「南西」 |
| | 11月 | なし |
| | 12月 | なし |
| 2020年の旅行の吉方位 | 10月「南西」、11月なし、12月なし | |

### 2021年の吉方位　「北」「北東」

| | | |
|---|---|---|
| 2021年の月ごとの吉方位 | 1月 | 「北」「北東」 |
| | 2月 | 「南」 |
| | 3月 | 「北東」 |
| | 4月 | 「北東」 |
| | 5月 | 「北」「南」 |
| | 6月 | なし |
| | 7月 | なし |
| | 8月 | なし |
| | 9月 | なし |
| | 10月 | 「北」「北東」 |
| | 11月 | なし |
| | 12月 | 「北東」 |

### 2022年の吉方位　「北」「南」「西」「北西」



※吉方位なしの場合は、できるだけ遠出は避け、ご近所の神社や地元を大事にするようにしましょう。
年と月の吉方位が重なる場合、最大の吉方位となります。

## グループ9 文殊菩薩

### 2020年の吉方位 「北」「南西」「北西」

| | |
|---|---|
| 2020年の月ごとの吉方位 | 10月 「北東」<br>11月 「北」<br>12月 「北」「南西」「北西」 |
| 2020年の旅行の吉方位 | 10月「北東」、11月「北」、<br>12月「北」「南西」「北西」 |

### 2021年の吉方位 「北」「東」「西」

2021年の月ごとの吉方位

| | |
|---|---|
| 1月 | 「北」 |
| 2月 | 「東」 |
| 3月 | 「東」 |
| 4月 | 「北」 |
| 5月 | なし |
| 6月 | 「東」「西」 |
| 7月 | 「西」 |
| 8月 | 「北」 |
| 9月 | 「北」 |
| 10月 | 「北」「東」「西」 |
| 11月 | 「東」 |
| 12月 | 「東」 |

### 2022年の吉方位 「東」「南東」「北東」

※吉方位なしの場合は、できるだけ遠出は避け、ご近所の神社や地元を大事にするようにしましょう。
年と月の吉方位が重なる場合、最大の吉方位となります。

強運のメソッド
帝王占術を生かして
人生をより豊かに!

# 「やっぱ愛やろ！」あとがきに代えて

先が見えなくて、いつも不安を抱えている、
幸せになりたいのに、どうしたらなれるかわからない、
人から愛されるにはどうしたらいいのだろう……

私は、これまで４万人以上もの人を占ってきました。
そこで、さまざまな方とお話しをしている中で、こうした悩みや迷い、幸せを願う声をたくさん聞きました。

もうちょっとだけ考え方を変えられたら、もう少しだけ行動を変えられたら、きっと、幸せになれるのに。ずっとそんな風に考えてきました。

そうした方々に、今よりも幸せになって、最高の人生を自分の力で作り上げてほしい。そして、一人でも多くの人に幸せになってもらえたら。いつもそう願っています。

それが、この『強運のメソッド・帝王占術』を出版しようと思った大きな理由です。

占いは参考になります。私自身、占いや天から授かったスピリチュアルの力を信じて今、とても幸せな日々を過ごしています。

ただし、占いをただ信じているだけでは、人生を変えることはできません。

幸せになるための心の準備をし、行動してこそ、願いは叶います。

このことを信じて、行動に移し、自分を変えていけるかどうかです。決めるのはあなたしかいないのです。

この本に書かれた一つでも、二つでも、心に響いた言葉があれば、ぜひ、今日から行動を起こしてみてください。

本気で変わろうと思う気持ちさえあれば、誰もが幸せになるポテンシャルをもっているのですから。

愛をもって行動すれば、奇跡は起こるバイ！

２０２０年10月吉日　木下レオン

あなたの幸せを心から祈ります

強運のメソッド
# 木下レオン帝王占術

第1刷　2020年　10月6日
第7刷　2021年　2月18日

著者
木下レオン

装丁・デザイン●
大久保裕文・村上知子・山口華子(Better Days)

インタビュー・文●宇治有美子

撮影● 杉江拓哉 (TRON)

スタイリスト● 石橋修一

ヘアメイク● 池田大祐

編集● 黒岩久美子

制作協力● 株式会社エンドルフィン　岡本かなめ

校正● 株式会社 鷗来堂

発行者● 田中賢一

発行● 株式会社東京ニュース通信社
〒104-8415 東京都中央区銀座7-16-3
電話 03-6367-8023

発売● 株式会社講談社
〒112-8001 東京都文京区音羽2-12-21
電話 03-5395-3606

印刷・製本● 株式会社シナノ


Printed In Japan ISBN　978-4-06-521224-0